·民进党研究丛书·

民进党选举策略研究

张文生　王　茹　著

九州出版社
·北京·

图书在版编目(CIP)数据

民进党选举策略研究/张文生,王茹著.—北京:九州出版社,2004.3
(民进党研究丛书)
ISBN 7-80195-016-X

Ⅰ.民… Ⅱ.①张...②王… Ⅲ.民进党-选举-研究-台湾省
Ⅳ.D675.874

中国版本图书馆CIP数据核字(2004)第012521号

民进党选举策略研究

作　　者/张文生　王　茹　著
出　　版/九州出版社
出 版 人/徐尚定
地　　址/北京市西城区阜外大街甲35号
邮政编码/100037
电　　话/68992192/3/5/6
电子信箱/jiuzhoupress@vip.sina.com
总 经 销/九州出版社发行部
经　　销/各地书店
法律顾问/北京法大律师事务所
印　　刷/北京毕诚彩印厂
开　　本/880×1230毫米　1/32开
印　　张/7
字　　数/158千字
版　　次/2004年3月第1版
印　　次/2004年3月第1次印刷
书　　号/ISBN 7-80195-016-X/D·108
定　　价/25.00元

民进党研究丛书出版说明

2000年3月，台湾地区领导人换届选举，民进党候选人陈水扁以微弱优势当选，并于5月20日上台执政。在党纲中明确主张“台独”的民进党上台与在台湾统治50余年的国民党下台，标志着台湾政治生态发生了历史性的深刻变化。毫无疑问，这一变化也为两岸关系发展和中国和平统一投下重大变数。

近4年来，民进党当局的政策走向、执政状况如何？两岸关系深陷僵局、持续紧张的症结在哪里？有利于两岸同胞切身利益、有利于两岸经济发展的“三通”为何一波三折、阻碍重重？陈水扁及民进党当局究竟应何去何从？这些现象和问题，理所当然地引起海内外众多关心台湾问题的人士与学者的观察、思考和研究。

这套丛书共8册，多方位、多角度地透视了民进党的历史发展、组织派系、社会基础、意识形态、选举策略等，尤其是近4年来，其大陆政策对两岸关系的影响、执政状况对台湾社会的影响等，集中展示了大陆学者的研究成果。当然，由于占有资料、观察视角、研究方法等方面各有不同，因而每位学者的看法与结论均为一家之言。出版这套丛书的初衷在于为关心台湾问题的读者、学者提供学术参考。

九州出版社

2003年12月

目 录

第四章　民进党选举文宣策略

第五章　民调的运用与配票策略

第六章　公共政策与选举支票

第七章　民进党选举经费的来源

第八章　执政资源的运用

第一章　从党外到执政——民进党萌芽、成立与发展的选举道路

政党是以夺取和巩固政权为目的的政治组织，革命型的政党依赖武装斗争夺取政治权力，民主型的政党以选举为手段取得执政权。美国政治学家利普塞特认为：“在现代的任何民主制度中，不同群体之间的冲突都是通过政党表达的，而政党基本上相当于一种‘把阶级斗争民主化的媒介’”①。20 世纪 80 年代以后，台湾逐渐走上多元化的政治转型道路，国民党一党独大的威权政治体制开始崩解，代表本土中小资产阶级利益的民进党登上台湾政坛，出现了政党之间围绕政治权力展开的选举角逐。选举是西方民主社会政党活动的核心。选举也是民进党在岛内政治活动的核心。民进党在选举中产生，在选举中壮大，在选举中走上执政之路。民进党正是依靠选举萌芽、成立、发展以至走上执政之路的政党。

第一节　党外参选与民进党的成立

选举作为一种社会政治活动，历史悠久，早在古希腊雅典奴

① ［美］西摩马丁·李普塞特著，张绍宗译：《政治人——政治的社会基础》，上海人民出版社，1997 年 9 月第 1 版，第 204 页。

隶主的民主制度下就有了选举活动。现代选举制度是各国和各地区政治制度的重要组成部分，选举制度与政党制度、代议制度三者被并称为西方民主政治制度的基石，或叫做“三大支柱”。选举制度以法律的形式规定了选举代表机关的代表和公职人员的原则、程序和方法，是各种选举法律规则的总称。台湾的选举制度主要包含两个部分，第一部分是各级公职人员的选举制度，由《公职人员选举罢免法》及其相关法规所规范，各级公职人员主要包括：1．“中央”公职人员：“国大代表”、“立法委员”；2．地方公职人员：县市议员、乡镇市民代表会代表、县市长、乡镇市长、村里长。第二部分是台湾地区领导人的选举制度，由《“总统副总统”选举罢免法》及其相关法规所规范。

台湾光复之初，省市参议会实行的是间接选举制度。国民党政权败退台湾之后，为了缓和社会矛盾，安抚台湾地方势力，开始在台湾推行地方自治制度。从 1950 年起，先后定期举办地方公职人员，即县市长、县市议员、乡镇长、村里长以及省市议员等的定期直接选举。20 世纪 60 年代末 70 年代初开始，国民党当局为了解决“法统”和“宪政”危机，先后定期办理了“中央公职人员”的增补选。但是由于国民党当局在台湾长期推行“动员戡乱体制”，实施“戒严法”，禁止成立新的政党，各级公职人员选举几乎都成为国民党包办的囊中之物。

台湾民众为了争取参政权，在岛内掀起轰轰烈烈的民主运动，反抗国民党一党专制的戒严体制。20 世纪 50 年代，以雷震为代表，以《自由中国》杂志为阵地，筹组“中国民主党”，准备参与选举，在岛内建立政党政治。但在组党前夕，国民党当局逮捕了雷震，使台湾的第一次组党运动胎死腹中。60 年代，在高压体制下，台湾没有出现有影响的反对势力，民主运动归于沉寂。70 年代以后，以台湾本省籍人士为主体，掀起了又一波的反对国民党专制的民主运动。

20世纪70年代，《大学》杂志和《台湾政论》杂志曾先后成为台湾知识界批评时政，要求政治革新的言论阵地，但是均遭到国民党当局的打压和查禁。非国民党籍的政治反对人士被称为“党外人士”，开始从言论走向行动，投身于公职人员选举，逐渐形成一股党外民主运动的势力。1977年台湾举办五项地方公职人员选举，党外民主运动人士进一步全台串联，联合竞选，党外“立委”康宁祥、黄信介两人奔走全台为党外候选人助选。选举过程中竞争激烈，国民党不仅公然贿选，而且涉嫌作票，引起台湾民众的不满，爆发大规模的社会冲突事件，即“中坜事件”——支持许信良参选桃园县长的1万多名选民，包围、焚烧桃园中坜警察分局，抗议选举不公。然而党外人士在这次选举中有4人当选县市长，21人当选省议员，6人当选台北市议员，党外民主运动的声势震动了台湾社会，党外民主力量进一步壮大，改变了台湾的政治生态。

1978年，台湾举办“中央民意代表”增额选举，全台湾的反对人士联合参加竞选，成立“台湾党外人士助选团”，并提出“十二大政治建设”作为共同政见，制作党外人士共同标志，举办竞选餐会，发行竞选书籍。但是台湾当局借口中美建交，宣布延期选举。于是，党外人士以助选团为基础，不断加强组织化的工作。1979年，党外人士掀起轰轰烈烈的街头群众运动，声援余登发被捕案，成立“中央民意代表选举党外候选人联谊会”，通过举办餐会、演讲的方式，动员和组织民众。8月，以黄信介为发行人，许信良为社长，黄天福、吕秀莲为副社长，张俊宏为总编辑，创办《美丽岛》杂志，宣扬民主政治理念，并以杂志社的名义，在多个县市设立服务处，不断扩张和健全组织架构。“美丽岛杂志社”总部俨然成为党外的指挥中心，出现了“没有党名的党”。随后，国民党当局借口“高雄事件”，全面性地逮捕反对运动人士，压制了台湾70年代的组党运动。

20世纪80年代以后，岛内外的政治环境发生比较大的变化。70年代末，美国政府接受中国政府提出的建交三原则，即在台湾问题上“断交、撤军、废约”，1979年1月1日，中美正式建交，台湾陷入“外交”困境。同时，中国政府公开向国际社会宣示“和平统一、一国两制”的政策。而在岛内，民主运动再次风起云涌，党外人士纷纷组织政团参选公职。由于岛内民意的压力，台湾当局于1980年底再度举办“中央民意代表”增额选举，1981年11月举办地方公职人员选举，党外力量趁机再度崛起。国民党的专制压迫并未使人心服，反而因林义雄家宅血案等事件激起台湾民众的反感，台湾民众同情反对人士，“美丽岛事件”受难者家属及其辩护律师纷纷当选。台湾党外运动已经发展成为无法遏制的潮流，党外人士提出解除戒严、“中央民意代表”全面改选、“总统”民选、组党自由等政治主张，遭到国民党当局的拒绝。于是，党外力量借助于选举的机会成立“后援会”，而后又组织“编联会”、“公政会”等组织，统一筹划竞选政见和各地动员串联的工作，使得党外运动从孤军奋战，逐渐迈向组织化。

1983年9月，正式成立“党外中央后援会”，党外新生代主张提名候选人须先经后援会内部初选，康宁祥则主张应先保障现任公职参选。党外势力内部出现争执和裂痕，作为新生代的党外杂志的编辑、作家组成“党外编辑作家联谊会”（简称“编联会”）。1984年党外政治人物决定成立常设性组织“党外后援会”，但遭到“内政部”的否决，于是转而在5月11日成立“党外公职人员公共政策研究会”（简称“公政会”），由费希平任理事长，林正杰任秘书长。1985 年 3 月底，费希平在党外新生代的批判声中退出“公政会”，公政会改选出第二任理监事，尤清任理事长，谢长廷任秘书长。9 月 1 日，党外 1985 年选举中央后援会成立。11 月，在地方公职人员选举中，陈水扁参选台南县长败北，但党外参选台北市议员的候选人悉数当选。1986 年 4 月，“公政会”举行大会，选出新任理事九人：尤清、游锡堃、林正杰、张德铭、林文郎、陈水扁、张俊雄、谢长廷、颜锦福；监事黄玉娇、康水木、周伯伦；秘书长谢长廷、财务长王兆钊。党外公政会一方面在各地纷纷成立分会，另一方面秘密组成“组党行动规划小组”。“编联会”也成立了“组党工作小组”，党外新潮流杂志社还举办组党说明会。党外筹划组党的秘密活动使得台湾社会酝酿组党的呼声越来越大。

1986 年 9 月 28 日，党外后援会在台北圆山饭店集会，正式成立“民主进步党”。国民党执政者蒋经国深感“时代在变，环境在变，潮流也在变”[1]，国民党在大势所趋，无法禁止，难以镇压的情况下，开始推动政治革新。1987 年 7 月 8 日蒋经国发布命令，宣布台湾地区自 1987 年 7 月 15 日零时起解除对台湾长达 38 年的戒严，10 月开放台湾民众赴大陆探亲，1988 年初正式开放报禁和党禁，台湾的政党政治开始在选举和社会生活的各个层面出现，民进党正式合法地走上了台湾政治的选举舞台。

---

① 台湾“行政院新闻局”编：《蒋“总统”经国先生七十五年言论集》，台北正中书局，1987 年版，第 85 页。

80年代党外人士的竞选组织

选举时间及项目	党外人士的竞选组织
1981年11月14日的三项地方公职人员选举（县市长、省市议员）	1981年9月的“党外推荐团”
1983年12月4日的“增额立委”选举	1983年9月18日的“七十二年党外人士竞选立委后援会”
1985年11月17日地方公职人员选举（县市长、省市议员）	1985年9月的“1985年党外选举后援会”
1986年的“中央民意代表”选举（“立委、国代及监委”）	1986年9月的“选举后援会”和“民主进步党”

资料来源：周秀环、陈世宏编注：《战后台湾民主运动史料汇编（二）组党运动》，台湾“国史馆”2000年初版，第227页。

第二节　选举路线的确立与民进党的发展

民进党成立之初，政党实力薄弱，受到国民党当局党政资源的挤压，然而甫成立的民进党在1986年底的增额“国代”和“立委”选举中，仍获得10席“国代”和12席“立委”，大部分选区均由民进党候选人夺得最高票，民进党通过选举在岛内民意机关开辟了政党政治的先河。民进党为了成长和发展自身实力，克服自身缺乏政治经济资源的弱势，采取街头运动和群众路线，通过体制外的激烈冲突方式，以图突破国民党的旧体制。随着民进党实力的壮大，台湾民众期望民进党能对国民党发挥制衡作用，甚至登上执政的舞台。民进党开始转变斗争路线，从体制外抗争进入体制内竞争，逐渐把街头群众运动路线调整为议会选举路线。选举成为民进党壮大实力，走向执政的主要手段。

1989年6月，时任民进党秘书长的张俊宏发表《到执政之路

——地方包围中央》一文，提出了“地方包围中央”走向执政的战略构想，认为县市一级是国民党统治的薄弱环节，“先在地方实质占领国家机关，将是反对党对抗党国特权体制的最有效战略”，“就目前反对党来说，唯一能占领的‘国家机关’，就是各地县市长”，民进党应通过在县市长和县市议员选举中的胜利，累积执政经验和实力，为夺取“中央执政权”奠定基础。1989 年 12 月，台湾举办县市长、增额“立委”和省市议员选举，民进党提名 163 人参选，其中县市长候选人 18 人，“立委”候选人 56 人，省议员候选人 42 人，台北市议员候选人 21 人，高雄市议员候选人 24 人。选举结果，民进党在县市长选举中的得票率超过了 1/3，高达38.4%，赢得 21 席县市长中的 6 席，分别是台北县尤清、宜兰县游锡堃、新竹县范振宗、彰化县周清玉、屏东县苏贞昌和高雄县余陈月瑛。此外与民进党理念相近的无党籍人士获得 1 席，即嘉义市张文英。民进党还获得 21 席增额“立委”，16 席省议员，14 席台北市议员，8 席高雄市议员。民进党的选举路线初战告捷，取得了在地方县市执政的机会和经验，民进党和无党籍执政县市长组成“民主县市长联盟”，在各县市建立绿色执政的样板，并对国民党执政确立了有力的制衡机制。

1988 年 3 月蒋经国去世后，李登辉成为台湾当局的执政者，为了巩固和扩大权力，李登辉借助民进党的力量，继续推动岛内的“宪政改革”。1990 年 3 月，“国民大会”利用选举“总统、副总统”的机会扩大职权，引发台湾大专院校学生到台北“中正纪念堂”广场静坐抗议，并提出“解散国民大会、废除临时条款、召开国是会议及订定民主改革时间表”等四大诉求。在三月学潮的压力下，李登辉推动召开“国是会议”，以打压党内非主流派。1990年 6 月 26 日至 7 月 4 日，“国是会议”在台北园山大饭店召开，达成了第一届“中央资深民意代表”全部退职；终止动员戡乱时期，废止“临时条款”；修改“宪法”等重要共识。1991 年 4 月，第一届“国民大会”第二次临时会正式召开，完成“修宪”的三读程序。4 月 30 日李登辉正式公布 10 条“宪法增修条文”，同时公告终止“动员戡乱时期”，废止“动员戡乱时期临时条款”，自 1991 年 5 月 1 日零时起生效，台湾终于结束了长达 40 多年的“动员戡乱体制”。

1991 年 10 月 13 日，民进党在五届一次“全代会”中，罔顾岛内外的政治现实，通过了主张“建立主权独立自主的台湾共和国及制定新宪法”的“台独党纲”。1991 年 12 月 21 日，根据第一阶段“修宪”的结论，台湾地区举办了第二届“国代”选举，在选举中民进党继续宣扬“总统直选”和“台独”主张，结果遭到惨败，民进党总计当选 66 席，仅占18.61%。执政的国民党仍然赢得了多数席位，总计 318 席，占78.91%。国民党在二届“国大”中占有绝对优势，完全主导了“修宪”的方向。1992 年第二届“国大”完成第二阶段“修宪”，将“国大”与“总统”任期调整为 4 年；“总统、副总统”从第九任起改由直选产生；“国大”增加人事同意权；“监察院”由准民意机关改为准司法机关；省市长改为民选等等。

经过 1990—1992 年的“宪政改革”，台湾政治体制的基础发生了巨大的变化，台湾地区领导人及各级地方行政首长定期由选民直接选举产生的政治制度得以在“宪政体制”的层级正式确立。1992 年底，台湾举办了具有重要意义的第二届“立委”选举，台湾民众希望民进党能够在台湾政坛中发挥制衡的作用，民进党在 161 席中赢得 50 席，接近 1/3，得票率为31.03%。民进党在选举中的成绩，显示台湾传统的政治体制已经彻底瓦解，台湾政局从国民党"一党独大"向国民党和民进党"两党制衡"的方向发展，台湾社会的政治权力从外省籍政治势力转移到本省籍政治势力手中。国民党内的"非主流派"在李登辉为首的"主流派"打压下，产生了强烈的危机意识，国民党内以外省籍第二代为代表的"新国民党连线"出走，成立"新党"。新党的成立瓜分了国民党的支持票源，特别是在台北市等都市地区和外省籍民众中，新党具有较高的支持率。国民党的分裂为民进党在选举中取胜提供了机会。在1993年11月的县市长选举中，民进党维持了6席县市长席位，但是民进党的得票率第一次突破了40%。1994年12月，台湾举办首届省市长民选，民进党籍的陈水扁在党内提名中击败谢长廷，出马竞选台北市长，在国民党黄大洲与新党赵少康"鹬蚌相争"，相互抢夺重叠票源的情况下，民进党打出"弃黄保陈"的口号。最后，陈水扁胜出，以43.67%的得票率当选台北市长，取得了在省市一级政党轮替执政的先例和经验，加上其他执政县市，民进党执政地区人口已经达到台湾总人口的半数，为民进党走向"中央"执政创造了条件。

1995年9月，民进党面对"总统"和"立委"选举的情势，时任党主席施明德在美国华盛顿举行的一次学术会议中提出"民进党一旦执政不必也不会宣布台湾独立"，推动民进党的务实化转型，以安抚中间选民对民进党力量成长的不安心态。1995年12月2日，台湾举办第三届"立委"选举，民进党当选54席，得票率为33.17%；国民党当选85席，得票率为46.06%；新党当选21席，得票率为12.96%。经过1995年底的第三届"立委"选举，台湾政治舞台建立起以国民党、民进党和新党三党为主角的多元化竞争性政党政治格局，三党都在台湾拥有了一定的社会基础，但是事实也说明三党都背负了沉重的政治包袱，民进党仍然陷于

“台独党”的困境，而国民党则难除“黑金政治”的标签，新党则受到“外省党”的局限。

1996年3月台湾举行第一次“总统”直选和第三届“国代”选举，在“总统”选举中，民进党籍的彭明敏、谢长廷诉求单一，以“台独”作为竞选主轴，不仅引起台湾民众的疑虑，也造成民进党内部的意见分歧和步调不一，导致民进党支持者出现“弃彭保李”的投票效应。最后“彭谢配”惨败，得票率仅为21.3%；相对地，在“国代”选举部分，民进党获得99席，得票率为29.85%。

此后，民进党在施明德及许信良领导下继续推动务实化转型，提出“大和解、大联合”的口号，淡化“台独”意识形态，与新党合作，在“立法院”组成“在野制衡联盟”，挑战国民党的执政地位；同时，民进党又与李登辉合作“修宪”，达到了“冻省”、“总统”选举保留相对多数制的目的，使国民党陷入分裂的危机，松动国民党的地方派系桩脚，为夺取“中央执政权”埋下了伏笔。1997年11月29日，在县市长选举中，民进党转型的成果得到充分体现，获得较好的选举成绩，民进党提名21人参选，夺得12个县市长的席位，把北台湾和南台湾几乎全部绿化，台湾本岛人口稠密和经济发达的县市基本上都被民进党取得执政权，国民党只剩8个县市的执政权（其中包括3个外岛）。民进党的得票率为43.32%，第一次在全省范围的选举中超过国民党的得票率(42.12%)。在选举过程中，陈水扁和许信良在助选中互别苗头，各自为战。一方面，陈水扁的成功助选为民进党的胜利立下了汗马功劳，民进党的“陈水扁牌”甚至于压过国民党的“李登辉牌”，陈水扁明显地摆出进军“总统”宝座的气势。另一方面，民进党主席许信良主导下的民进党转型也在这次选举中发挥了重要作用。县市长选举的胜利为民进党开拓了新的政治经济资源，成为民进党迈向执政之路的重要转折点，但是陈水扁和许信良之间也暴露出争夺民进党组织上和路线上的主导权的竞争态势。陈水扁主张民进党通过县市长选举、“立委”选举和“总统”选举三个阶段实现单独执政，许信良主张民进党必须与其他政党联合执政，许陈之间的路线斗争反映了民进党内的权力斗争和派系矛盾，这种斗争和矛盾一直延续到2000年“总统”选举。

1998年12月，台湾举办“立委”以及台北、高雄两市市长和市议员“三合一”选举，寻求连任台北市长的陈水扁虽然政绩满意度达到70%，最后得票率也上升到45.91%，但是由于台北市特殊的选民结构，国民党及新党的支持票源均集中流向马英九，使马英九得以击败陈水扁当选台北市长。台北市长的败选给民进党的三阶段执政理论以沉重的打击，但是也给陈水扁提供了转而投入2000年“总统”选举的机会。为了争夺参选“总统”的党内提名，民进党内爆发了许信良和陈水扁之间的激烈竞争。由于陈水扁在台北市长任内以及选举过程中累积了丰厚的政治经济资源和塑造了超人气的选举魅力，在岛内得到广大党员和各派系的一致支持。1999年5月7日许信良发表《同志们，我们在此分手——告别民进党》的演说，回顾了推动民进党转型却在党内遭受到不公正对待的历程，被迫宣布退出民进党，从此走上了独立参选的政治道路。

第三节　多党竞争体系与民进党执政

1993年新党从国民党中分裂出走之后，岛内出现多党竞争体制。2000年3月台湾地区领导人选举中，出现了五组候选人参选的竞争局面：民进党提名陈水扁、吕秀莲；国民党提名连战、萧万长；新党提名李敖、冯沪祥；原国民党籍台湾省长宋楚瑜和张昭雄、原民进党主席许信良和朱惠良以两组无党籍候选人身份参选。陈水扁、宋楚瑜、连战均具相当实力，使选举呈现“三强鼎立”的态势，陈水扁、吕秀莲渔翁得利，2000 年 3 月 18 日以39.30%的得票率当选台湾地区领导人。国民党丧失了在台湾地区维持 50 多年的执政权，台湾岛内出现了第一次政党轮替。

陈水扁当选最根本的原因是国民党分裂。宋楚瑜得票率是36.84%，连战得票率是23.10%，两组候选人的得票率相加近60%，大幅超过了陈水扁，但是由于李登辉强力主导和操纵了国民党候选人的选举活动，排斥异己，对于党内要求“连宋合”的呼声置若罔闻，致使国民党因“连萧配”与“宋张配”的参选而票源分裂，就形成“鹬蚌相争、渔翁得利”的态势。在选举中，国民党的主要策略是重打宋轻打扁，甚至有人认为实际上陈水扁是得到李登辉的暗中支持。在选举中，国民党揭发宋楚瑜有 3 亿多元的中兴银行票券财产没有申报，还寄钱到美国以他儿子宋镇远的名义购买了 5 套住房。“兴票案”发生后，宋楚瑜的民调支持率从 35%急剧下降到 25%以下，使他的勤政、廉政的形象受到很大的损害。同时，选前一周，3 月 11 日前后，李登辉的密友如“中央研究院”院长李远哲、长荣集团总裁张荣发、奇美集团董事长许文龙等都被陈水扁聘任为“国政顾问团”成员，特别是李远哲公开出面表态支持陈水扁，这使陈水扁的选举气势在最后一周扶摇直上，为把陈水扁拱上执政舞台立下汗马功劳。

从陈水扁的从政历史看，他在政治立场上，“台独”立场坚定，“台独”色彩浓厚。陈水扁一直与“台独”脱不了关系，与岛内激进台独势力的关系也相当密切。1988 年民进党通过“4·17 决议文”，陈水扁提出“四个如果”，“如果国共片面和谈，如果国民党出卖台湾人民之利益，如果中共统一台湾，如果国民党不实行真正的民主宪政，则本党主张台湾应该独立”。1990 年 10 月陈水扁在民进党“全代会”中提出“台湾事实主权不属于中国大陆及外蒙古修正条文”，同时在“立法院”提出“中华民国与中华人民共和国基础条约”，要求“两国互相尊重主权与领土完整”。1991 年 1 月陈水扁又提出“一个文化中国，两个分治国家”的主张；1991 年 11 月民进党制订和通过的“台独党纲”，主张“建立主权独立自主的台湾共和国”，陈水扁给它增列“公民投票”的条款：“基于国民主权原理，建立主权独立自主的台湾共和国及制定新宪法的主张，应交由台湾全体住民以公民投票方式选择决定”。陈水扁在台独分子聚会的场合高叫“台独万岁万万岁”的口号。

陈水扁在 1998 年底台北市长选败后，积极策划在“总统”选举中卷土重来，东山再起。陈水扁很清楚，公开的、肆无忌惮的“台独”路线在台湾、在两岸、在国际社会都行不通，是他在选举道路上的最人阻力。陈水扁对他自己的政治立场进行了重新包装，玩弄花言巧语来欺骗台湾民众，以图改变偏执的“台独”形象。他要弄了一些具有欺骗性的政治花招，一是提出“新中间路线”，认为民进党要赢得“总统”大选就要转型，要超越传统思考模式，要采取第三条路线——新中间路线，陈水扁借用这个西方流行的政治学概念来装点自己的门面，意思是要把“国家安全”放在首位，而不是把统独立场放在首位；二是 1999 年 5 月份操纵民进党的“全代会”通过《台湾前途决议文》，公开承认“中华民国”的“国号”；三是宣称民进党没有“台独党纲”，只有“公投党纲”，台湾前途要由全体台湾人民投票决定，这是典型的“台湾前途公民自决论”，把“台独”的最终责任和后果推给台湾民众来承担；

四是承诺自己如果当选“总统”，保证不改“中华民国”的“国号”，不宣布“台独”，不搞“公民投票”，不会推动“两国论”入“宪”；五是在香港的报纸登广告，说两岸“打拼不打仗、开放不开仗、竞争不斗争”，还提出要与大陆方面“善意和解、积极合作、永久和平”；六是由李远哲背书，向台湾民众保证要把“国家利益”放在政党和个人利益之上；七是承诺当选后退出民进党的党务运作，与主张“台独”的民进党保持一定的距离。陈水扁的欺骗性语言，迷惑性的选举花招，再加上国民党阵营的分裂，使陈水扁以微弱多数的得票登上台湾地区领导人的位置，民进党成立 14 年后，终于夺得台湾地区的执政权。

虽然陈水扁当选台湾地区领导人，但是陈水扁得票率不到 40%，还有 60% 的选民是并不支持他的。当时民进党在“立法院”占有的席位仅仅只有 66 席，相对于国民党的 113 席，处于绝对少数。民进党虽然夺得“总统”职位，但是在“立法院”，民进党仍然是一个少数政党，陈水扁执政受到国民党和亲民党的极大制约。

选举结束以后，2000 年 3 月 31 日，宋楚瑜凝聚选举中形成的政治势力，组织了亲民党。陈水扁以相当多数当选，被称为“弱势总统”，民进党在“立法院”处于绝对少数的地位，然而民进党绕过党对党协商的模式，直接任命国民党籍的唐飞为“行政院长”，以个人名义“组阁”，使民进党成员及“立委”深感“有执政党之名，却无执政党之实”。2000 年下半年，民进党与国民党之间因“核四案”严重对立，唐飞被迫辞职，10 月 27 日，“行政院长”张俊雄利用陈水扁与连战会面的机会宣布停建“核四”。陈水扁当局的独断专行激起在野党的强烈反弹，促成了在野党的结合，11 月 11 日，国民党、亲民党、新党三党正式组成“在野联盟”，发表“护宪、救台湾声明”，其核心是要求陈水扁当局“回归宪政常轨”、“回归一个中国各自表述之九二共识”。相对于民进党，三党组成的“在野联盟”也被称作“泛蓝阵营”或“泛蓝军”。

国、亲、新三党组成的“在野联盟”成立后，三党在“立法院”就“罢免案”、预算案、法律案、“正副院长”选举、财划法案等进行了较为成功的合作，并在2001年底的“县市长”选举中进行了一定程度的整合。2001年8月，李登辉与连战决裂，另组“台湾团结联盟”。

2001年12月，台湾举行了县市长及第五届“立委”选举。县市长部分，民进党和国民党各当选9席，亲民党当选2席，新党1席，无党籍2席；在“立委”部分，民进党获得87席，国民党68席，亲民党46席，“台湾团结联盟”取得8.5%得票率，拿下13席，新党只剩1席，无党籍及其他10席。民进党是这次选举的最大赢家。虽然县市长席位上比上届12席少了3席，但是民进党基本上稳住了阵脚，与国民党平分秋色，而且得票率45.27%比上届43.32%增长了近2个百分点，执政县市的面积与人口数也超过了50%。在“立委”席次上，民进党则获得大胜，成为“立法院”第一大党，比上届70席增加了17席，得票率36.57%也比上届29.60%增长了近7个百分点。

2001年底台湾“立委”、县市长选举之后，岛内政治势力发展成泛蓝与泛绿两大阵营，泛蓝阵营包括了国民党、亲民党和新党，泛绿阵营则由民进党、台联党及其他“台独”基本教义派所组成。两大阵营的对抗交织着统独意识与省籍矛盾，代表本土势力的泛绿阵营主导了台湾当局的内外政策，但是泛蓝阵营的制衡力量也受到岛内外各界的瞩目。正因为岛内形成了两大阵营对峙的政党政治结构，在野联盟特别是国、亲两党之间进行政党合作的行为愈加明显，并成为影响岛内政局发展的重要因素。

虽然民进党是执政党，但是国民党的历史悠久，组织相当完整和健全，国民党中央党部的一级单位有 34 个，基层乡镇区党部有 378 个。国民党原有党员 200 多万，“总统”选后推动政党改造，进行党员重新登记，至 2001 年 1 月 30 日，国民党党员重新登记作业截止，登记的党员人数超过了 93 万人，仍属岛内各政党中正式党员人数最多的政党。健全的组织机构，雄厚的经济实力是国民党的优势，在县市长和“立委”选后，2002 年 2 月 26 日，台湾又举行了县市议员和乡镇长的基层选举，在全台湾 319 个乡镇中，国民党当选 225 席，占75.3%，民进党只当选 28 席；在县市议员部分，国民党当选 424 人，占 47%，民进党当选 147 席，占16.39%。同年 5 月 4 日，台湾省 15 个农田水利会的会长选举，国民党当选 14 席，民进党只当选 1 席。在台湾社会基层，国民党仍然是第一大党。

在 2002 年 12 月 7 日台北、高雄两市市长及市议员选举中，民进党再次受挫。国民党籍的马英九在台北市以 64%的得票率大胜，得以连任台北市长，民进党候选人李应元在台北市只能固守 35%左右的铁票；民进党候选人谢长廷以 2 万多票的优势险胜国民党候选人黄俊英，连任高雄市长。市议员部分，台北市民进党当选 17 席，国民党 20 席，亲民党 8 席，新党 5 席，台联党 0 席，无党籍 2 席；高雄市民进党当选 14 席，国民党 12 席，亲民党 7 席，新党 0 席，台联党 2 席，无党籍 9 席。台北、高雄两市选举结果使民进党的声势受挫，进一步提高了泛蓝阵营的气势，加强了泛蓝阵营各政党及其支持者对于政党整合的必要性的认识。2003 年 2 月 14 日，“连宋配”基本成形。

2002年12月7日台北、高雄市长及市议员选举各政党得票率如下表所示：

各政党得票率	台北市长	高雄市长	台北市议员	高雄市议员
民进党	35.89%	50.04%	28.52%	25.03%
国民党	64.11%	46.82%	32.08%	25.77%
亲民党			17.56%	11.99%
新党			9.02%	0.63%
台湾团结联盟			3.72%	6.72%
无党籍及其他		3.14%	9.1%	29.89%

2003年8月，泛绿与泛蓝两大阵营在花莲县长补选中对决，民进党候选人游盈隆以28.9%的得票率败给泛蓝阵营支持的国民党候选人谢深山。民进党挫败的原因是多方面的，主要是因为花莲县传统的选民结构对国民党有利，对民进党不利。然而也深刻地反映了民进党执政以后，未能有效开拓中间票源的客观现实，也反映了台湾民众对民进党执政不满意、不信任的心态。

近年来，随着岛内多党竞争格局的形成，民进党在“中央”层级实现了全面执政，这说明民进党有一定优势。民进党是台湾土生土长的政党，草根性的民进党与台湾社会基层结合较为紧密；民进党在历史上反映了台湾人民要求民主、反对威权的愿望，曾经是推动台湾民主化的主要动力；民进党初次上台执政，政经资源较少，各党部成员和党工保持了较旺盛的战斗意志和活力，给年轻人提供了较多的机会，对年轻一代吸引力更强，这些都是民进党选举中的优势。随着民进党在选举中的不断取胜，民进党的支持率稳步上升，民进党党员人数也增长迅速，从成立之初的1000多人发展到执政后的50多万党员，特别是2000年民进党取得“中央执政权”后，党员人数从20万左右成倍增长到50多万。民进党通过选举确立了其在台湾政坛上的主要政党的地位。

民进党党员人数

年份	人数	年份	人数
1986	1093人	1995	84718人
1987	5727人	1996	109252人
1988	9565人	1997	137968人
1989	15009人	1998	165399人
1990	16532人	1999	200476人
1991	20144人	2000	377332人
1992	39462人	2001	406611人
1993	63995人	2002	413361人
1994	79257人	2003	约54万

资料主要来源于民进党中央党部网站。

从客观上说，民进党本应代表台湾广大众民的意志，成为台湾社会的主流，但是20世纪90年代以来，民进党的发展受到局限，在省籍以及统独意识上都无法摆脱极端主义的牵制。民进党自从成立以来，历年的全台性选举得票率从未超过50%，基本上都在40%上下。2000年“总统”选举，陈水扁的得票率是39.3%；

2001年底的“立委”选举民进党得票率只有36.57%；2002年底民进党在台北、高雄两市的选举中，除高雄市长得票率以外，其余三项得票率均未超过40%，台北市长选举得票率为35.89%，高雄市长选举为50.04%，台北市议员选举为28.52%，高雄市议员选举为25.03%。除了高雄市长选举得票率，民进党的其他各项选举得票率均处于下降趋势。无论是市长选举，还是市议员选举，民进党得票都局限在基本票源。民进党在台北市长选举只能固守35%左右的铁票，高雄市长得票数也没有上涨，维持在38万票左右。2003年的花莲县长补选，得票率甚至处于下降的趋势。

民进党虽然执政，却未能有效地开拓中间票源。其根本原因就是因为受到省籍认同和统独意识的制约，一方面民进党受制于“台独”基本教义派，以意识形态施政，未能打开两岸政治僵局；另一方面民进党执政以来，岛内经济日益衰退，民众生活水平下降，将使中间选民的选票流向泛蓝阵营，或者说，泛绿阵营拓展中间选票的空间很小。民进党前秘书长吴乃仁曾经感叹：“台湾选民的‘认同投票’倾向，在下次总统大选前看不出有改变的可能”①。

民进党参加的主要选举一览表

选举时间	选举项目	得票率(%)	当选总席次	席次占有率(%)
1989年	县市长	38.4	6	28.5
	增额“立委”	28.2	21	20.8
1992年12月19日	“立委”	33.18	50	31.06(含不分区)
1993年11月27日	县市长	41.16	6	28.57

① 台湾《中国时报》2001年12月5日。

续表

选举时间	选举项目	得票率(%)	当选总席次	席次占有率(%)
1994年12月3日	台湾省长	38.72	0	0
	台湾省议员	32.54	23	29.11
	台北市长	43.67	1	100
	台北市议员	30.08	18	34.61
	高雄市长	39.29	0	0
	高雄市议员	24.85	11	25.00
1995年12月2日	"立委"	33.17	54	32.53(含不分区)
1996年3月23日	"总统"	21.13	0	0
	"国代"	32.53	99	29.06(含不分区)
1997年11月29日	县市长	43.32	12	52.17
1998年12月5日	"立委"	29.56	70	31.11(含不分区)
	台北市长	45.91	0	0
	台北市议员	30.95	19	36.50
	高雄市长	48.71	1	100
	高雄市议员	26.80	9	20.50
2000年3月18日	"总统"	39.30	1	100
2001年	"立委"	33.38	87	38.5(含不分区)
	县市长	45.27	9	39.13
2002年	台北市长	35.74	0	0
	台北市议员	28.52	17	32.69
	高雄市长	50.04	1	100
	高雄市议员	25.03	14	31.82

第二章　民进党提名制度与提名策略

政党参与选举的一个重要方面是提名适当的候选人，并协助所提名候选人竞选公职。为了规范党内提名程序，贯彻党内民主制度，使政党得以通过选举不断壮大实力，各政党均依据历史传统和现实需要，规定了较为严格的政党提名制度。政党提名制度是否公正合理，提名的候选人是否适当，是关系到政党选举成败的重要因素。因此，政党提名制度是提名策略的重要组成部分，是政党参与实际选举活动的第一步。然而提名办法与提名名额的确定也是政党选举策略中最主要与最令人伤脑筋的部分，涉及到党内的利益分配与派系团结，往往是党内各种力量相互角逐、激烈斗争和调和妥协的产物。

第一节　民进党提名制度的发展

民进党成立以后，随着力量的发展和选举的实际需要，候选人提名制度经历了多次修改，是一个动态的制度。民进党的提名制度曾经采取过干部评鉴、党员初选、公民投票、民意调查等形式，民进党的提名形式也不是单一的，而往往是多种形式的结合。

民进党正式的提名制度是随着《公职候选人提名条例》的制

定而建立的。1989 年 1 月 22 日在民进党第三届第 1 次临时“全国”党员代表大会中，正式通过了该提名条例，同年 5 月 1 日，民进党第三届第 20 次中常会制定了《公职候选人提名条例施行细则》，依据该提名条例及其施行细则，民进党第一次以合法政党的身份正式提名候选人，参加了 1989 年底的三项公职人员选举。民进党成立至今已满 17 年，而民进党的《公职候选人提名条例》修订过 13 次，而《公职候选人提名条例施行细则》也已经修订过 18 次。民进党的提名形式虽然历经多次修订，但是其原则上都保持了“党员投票”的基本精神。

依据民进党现有“公职候选人提名条例”第三条的规定，将公职候选人分为四类办理提名，第一类是“总统、副总统”；第二类是“立法委员、直辖市长、直辖市市议员、县市长”；第三类是县市议员、乡镇市长；第四类是乡镇市民代表、村里长。第一类采取党员投票直选的一票制，“副总统候选人”由“总统候选人”提名指定。“提名条例”第四条规定，第一、二类的公职候选人提名，由民进党中央党部办理；第三类公职候选人提名，由民进党县市党部办理，第四类公职候选人提名，由民进党乡镇市区党部办理。但直辖市市议员的提名名额，应经所属市党部的建议，中执会如果不接受其建议，须由出席委员 2/3 以上投票议决。

一、萌芽阶段：推荐提名制度（1989 年以前）

党外运动时期及民进党成立初期实行的是推荐提名制度。党外人士早期是以单打独斗的形式参加选举，不需要任何团体的推荐，也不需经过任何提名程序，无党籍候选人主要凭借自身的政治魅力、反对国民党专制的形象和地方实力参与选举。随着党外民主运动的高涨，越来越多的党外人士投入选举活动，并且开始进行全台性的串联和联合竞选活动。1981 年台湾省市议员和县市长选举前夕，以党外现任公职为主体组成的“党外推荐团”，在各地举办“党外候选人推荐会”，向选民公开推荐党外候选人，这是党外第一次有组织的提名活动。“党外推荐团”采取的推荐策略主要是：对选情单纯地区采取联合推荐形式以集中力量；对选情复杂地区，保持超然，不公开推荐，只侧面重点支持；尊重当地协调与安排；依现阶段的实力，来决定推荐人数的多少。1981 年的选举中，党外共推荐 31 人，包括县长候选人 7 人，省市议员候选人 24 人，另外重点支持县市长候选人 1 人，省市议员候选人 8 人。选举结果，推荐的县长部分当选 3 人，分别是宜兰县陈定南、彰化县黄石城和屏东县邱连辉，当选率42.85%；省市议员部分当选 16 人，当选率 67%；重点支持的对象当选 3 人，充分展示党外有组织的政治力量。特别是在台北市，推荐 9 人，当选 8 人，当选率高达88.88%。但是，这种推荐方式是非正式的提名制度，当时党外运动的主导权掌握在党外公职人员手中，特别是党外候选人以得到康宁康、费希平的推荐证明才算数，为了突破党外公职人员专享政治权力的局面，新生代要求分享政治权力，并提出初选制的构想。

1983 年的“七十二年党外人士竞选立委后援会”组织章程已经对于党外候选人产生程序作出规范，是提名制度的雏形。当时党外新生代与党外公职之间就提名制度发生激烈的冲突，康宁祥主张“保障现任”，认为如果现任“立委”表现良好，没有理由不继续支持其参选，并在中央后援会成员中排除新生代的代表，新生代提出的初选制构想受到排斥，被协调推荐制度所取代。于是，新生代发起了党外的“批康运动”。1983 年底的增额“立委”选举中，党外推荐的25位候选人只当选6人，康宁祥等落选，新生代在党内斗争中展现了自身的实力。1985年“公政会”和“编联会”共组“党外选举后援会”，分“中央后援会”和“地区后援会”。“地区后援会”负责办理参选人登记、决定参选人名额、协调并决定由谁参选、协助参选人宣传及联系地方支援；“党外中央后援会”负责拟定共同政见、公布推荐名单、监督“地区后援会”，并由会员大会采取无记名投票方式决定最后的候选人推荐名单。党外共推荐42位候选人参加1985年县市长及省市议员选举，结果省议员当选11人，台北市议员11人全数当选，高雄市议员当选3人，县市长当选1人。1986年9月民进党虽然成立，但尚未来得及制订提名办法，仍旧采取推荐候选人方式参加选举，选举结果，推荐“国代”候选人22人，当选10人；推荐“立委”候选人20人，当选12人。尚未建立党内提名制度的民进党初步品尝到了组织力量的有效性。

二、第一阶段：初选制度（1989－1994）

为了因应1989年底的三项公职人员选举，民进党在1989年1月22日召开第三届“全国”党员代表大会第1次临时会，正式通过该党的《公职人员提名选举办法》，第一次正式建立党内提名制度，并提名候选人参加该年底的公职人员选举。这是民进党提名制度的滥觞。

在制定提名办法的过程中，民进党内的新潮流系和美丽岛系出于自身的利益考虑，对于制度设计有不同的意见。新潮流系坚持采用由基层党员初选公职候选人的原则，但同意必要时得征召党员为公职候选人，征召须经该选区投票党员1/2以上同意。美丽岛系主张党龄限制从1年缩小为6个月，并加入“报备制度”，同时反对征召需经选区党员投票同意。由于美丽岛系是以公职人员的结合为基础建立的，现任公职占有政治和经济资源上的优势，知名度较高，而且着力经营选区，地方实力较强，但对于党务较为生疏，基层党员的实力较弱，因此希望加入征召和报备制度加以保障。而新潮流系以党工为主，在基层经营地方实力，擅长意识形态的动员和斗争，采取初选制度对于拥有众多基层党工的新潮流系有利。

在派系斗争中民进党初订的选举办法采取了折衷方案，以党员初选为原则，加入征召制度，排除报备制度。1989年民进党的《公职人员提名选举办法》共计12条，提名程序采取报名、协调、投票三层手续，并以征召程序作为补充。主要有如下几项特色：⑴凡入党6个月以上党员可以登记为公职候选人，可以参与提名投票；⑵各党部采取地方自主原则，先以沟通协调方式产生提名人选，无法达成协议时，由县市党部办理选举；⑶各级党部必要时得征召党员为该党提名的公职候选人；⑷不设报备制度。

根据民进党初期的提名办法，选区党员初选投票是主要的提名方式。但是党员初选投票在实施的过程中也暴露出了极大的弊病，一是人头党员与口袋党员的问题。在必须办理党员初选的地区，个别有意争取党内提名的候选人，为了保证稳定的支持票源，往往使用各种手段，积极从社会上拉人头入党，代为登记入党、代为交纳每年1000元的党费，甚至代为保管党证，人头党员成为个人的投票工具。二是党意与民意脱节的问题。由于刚成立不久的民进党党员人数不多，党员结构与选民结构有较大差距，因此，党内初选的结果并不能完全符合民意的期待。

民进党成立以来，受人才缺乏的局限，个别政治人物成为党内争取提名的要角，出现每选必竞的现象。1993 年，民进党不少“立委”、“国代”纷纷有意转换轨道，投入当年底台湾举行的县市长选举，这种情况不仅影响党内的新人出头，也有损党籍公职人员对于选民的诚信，1993 年 3 月，民进党选举对策委员会提议修改公职提名办法，列入“限制条款”，即现任公职任期未超过 1/2 者，想要参选其他种类的公职，非经辞职或征召不得参加提名；同时规定如果参选人的得票数未达最低当选票数的 70%，5 年内不得参选其他类公职。

三、第二阶段：两阶段初选制度（1994 – 2000 .7）

民进党的提名制度从 1994 年到 2000 年 7 月以前，一直采取的是两阶段初选制度。

1993 年底民进党在县市长选举中获得 6 席，民进党在选后进行了检讨，成立“党务强化工作小组”，着手推动党务改革。1994 年 4 月 30 日，民进党第六届一次全代会表决通过了提名办法的修正案，改称为《公职人员选举提名条例》，明确规定在公职人员选举中如果无法经沟通协调产生党的提名候选人，则采取“两阶段初选”的提名方式，也就是，民进党各项公职人员选举由各级党部采取地方自主原则，先以“沟通协调”方式产生提名人选；无法达成协议时，由各级党部依“两阶段方式”产生。

所谓“两阶段方式”就是指：第一阶段，由党员投票与干部投票各占 50%，产生“提名名额加额 1/2”的准候选人，党员投票由该选区全体党员参加。第二阶段，即当第一阶段所产生的准候选人经再次协调仍无结果时，则举行第二阶段的选民投票，此投票结果占全部提名份量的 50%。该修正案将公职人员分为五类，其中第一类为“总统、副总统”，第二类为省长，第三类为“国代”、“立委”、“直辖市长”、省议员、县市长，第四类为县市议员、乡镇市长，第五类为乡镇市民代表、村里长。参加前三类的第一阶段干部投票的成员包括“立院”、“国大”、省市议会五大党团，县市长以上行政首长与中执委、中评委；参加第四类干部投票的成员包括乡镇市区长、县市议员、该县市执委、评委；参加第五类干部投票的成员包括村里长、乡镇市民代表、该乡镇市区执委、评委。事实上，“两阶段提名方式”主要是针对第一、二类的公职人员候选人提名，其他种类的公职候选人提名则只需经过党内初选的第一阶段。同时该修正案维持了“五年条款”的限制，即参加公职人员提名的候选人必须签切结书，民代部分选举得票数未达最低当选票数的70%，行政首长部分得票数未达当选票数的60%，自开票日起5年内，非经征召，不得参加任何公职候选人的提名。

民进党修订的党内提名制度仿效美国的政党提名制度，在岛内首创公民投票政党候选人的方式。其倡导人之一的邱义仁指出这一制度有四项优点：“一是可以将前来参加民进党选民初选的民众予以建档，有利于民进党与选民之间的联系；二是透过这样的初选提早为候选人造势；三是减少民进党过去初选的弊端；四是缩短党意与民意的差距”①。由选民投票直接参与政党提名候选人的制度必须有相对成熟的民主制度以及政治文化作为必要条件，在台湾，政治文化在意识形态方面处于激烈对峙的状态，政党政治朝柔性政党发展的条件显然不够成熟。民进党的党务改革一方面采用刚性政党的党员预备期制度，严格限制新党员的权利，另一方面又采取开放公民投票初选的柔性政党制度，这反映了民进

① 台湾《新新闻》周刊363期，1994年2月，第53页。

党在政治理想与客观现实之间的矛盾和脱节。

1994年台湾举办北高市长和台湾省长选举。民进党在当年7月分别展开党员投票及干部评鉴，确定由陈定南、陈水扁及张俊雄代表民进党参加台湾省长及台北、高雄两市市长选举。在省长候选人提名中，陈定南在党内第一阶段初选击败美丽岛派系的重要人物张俊宏，顶着“陈青天”的美名出马参选台湾省长。在台北市，谢长廷和陈水扁为了争取党内台北市长候选人提名形成了“长扁之争”，陈水扁在党员初选投票中胜出，谢长廷主动放弃第二阶段的公民投票。

1996年“总统”选举，民进党内众多政治人物均有意出马参选，其中尤其是许信良与彭明敏就“总统候选人”提名展开激烈竞争。虽然许信良以“舍我其谁”的姿态，尽早地成立了“竞选总统办公室”，提出“新兴民族论”，但是在1995年2月才加入民进党的彭明敏在3月19日民进党“全代会”期间也宣布参选。1995年3月18至19日，民进党召开六届二次“全代会”，对于“总统”提名制度，决定仍采取“党员投票、干部评鉴”与“公民投票”二阶段进行的原则。不分区“立委”提名，则采“三三制”，即学者专家、弱势团体代表及政治人物各占1/3席次。许信良和彭明敏在第二阶段的公民投票中，经过2个多月49场的公投辩论，彭明敏得票率为42%，许信良为36%，彭明敏以总得票率高出6%胜出，成为民进党的“总统候选人”。同时在6月11日前，民进党已经基本完成了年底第三届“立委”候选人的党内提名作业。

在此同时，党内要求废除干部评鉴制度的呼声高涨。事实上除了1996年的“总统候选人”提名过程中实行过公民投票，在1994年的省市长提名过程中，第一阶段失利的参选人均主动放弃了第二阶段的提名程序，这使得干部评鉴的份量占了 50%。干部评鉴是民进党内派系政治生态的产物，党内各派系之间往往相互争夺和瓜分党内提名权，在干部评鉴的过程中相互换票，这使得党内小派系和没有派系属性的政治人物处于非常不利的地位。1996 年 5 月 12 日，民进党台北市党部在举办党内选举的同时进行党员投票，在 4000 多位参与投票的党员中，3751 位党员赞成废除干部评鉴，4032 人赞成党员直选党主席。1996 年 6 月 15 日民进党七届一次"全代会"修正《公职候选人提名条例》，废除了干部评鉴制度，将第一阶段的党员投票和第二阶段的公民投票相结合，各占 50%，同时，扩大两阶段提名的适用范围，把原来只针对"总统、副总统"及省市长适用的两阶段提名制度扩大到省市级以上民代即"国代"、"立委"、省市议员和县市长候选人的提名。1997 年，民进党中常会决议，将公民投票改为民意调查，实行党员投票与民意调查各占 50%的党内提名制度。

四、特别条款：《民进党 2000 年"总统、副总统候选人"提名条例》

在 2000 年台湾地区领导人选举的民进党党内提名过程中，陈水扁与许信良之间发生了激烈的竞争。陈水扁虽然在 1998 年台北市长选举中落败，但在选举中累积的民气和党内无人可比的"政治明星"效应，使得陈水扁代表民进党参选成为志在必得的趋势，党内从普通党员到各派系政治人物要求陈水扁出马参选的呼声高涨。但是陈水扁受限于民进党《公职候选人提名条例》的"四年条款"限制，即民进党党员在四年内只能就"总统、副总统"、北高市长择一登记为提名候选人。由于许信良与陈水扁在参选问题上互不相让，党内各派系对于“四年条款”的存废争议难以协调。许信良甚至表示：“只要不动四年条款，我绝对不会去登记，党可以用征召的”，民进党不得不开始寻求其他的解决办法。为了替陈水扁参选解套，确立法源依据，民进党在1999年5月8日至9日召开了第八届第二次“党代会”，采取冻结“四年条款”的形式，制订并通过了“民进党2000年总统副总统候选人提名条例”，被称为量身订做的“陈水扁条款”，为陈水扁制造“黄袍加身”的党内氛围。该条例以“干部推荐制”取代参选人主动“登记制”，只需征询被推荐人是否同意，如果无人获得推荐，再以征召的方式，经“全代会”同意后产生民进党2000年“总统候选人”。

依“民进党2000年总统副总统候选人提名条例”规定，民进党“总统候选人”初选采推荐、党员投票制度，凡是现任及曾任党主席；现任中央执行委员、中央评议委员；现任“立委”、“国代”；现任“直辖市”市长、县市长均可推荐一名候选人，超过一名推荐无效。要成为“总统候选人”必须有上述40人以上的推荐。民进党中央党部在收到推荐人连署推荐书后，应在7日内征询被推荐人是否同意。没有人推荐时，则由民进党召开“党代会”征召适当人选。如果被推荐人只有一人时，则应召开“全代会”决定是否推荐这位候选人，经全体党员代表1/2以上出席，出席党代表3/5以上同意通过后，始得为民进党“总统候选人”。如未通过时，全体党员代表应另行征召适当之党员为民进党之“总统候选人”。前两项有关征召之决定，应经全体党员代表1/2出席，出席党代表3/5以上同意决议之。

民进党特别提名条例的通过，使陈水扁成为唯一被推荐的“总统候选人”，跳过了党员投票的初选程序，只需要加开一次“全代会”，经过3/5的党代表同意，即可成为民进党提名的“总统候选人”。1999 年 7 月 10 日民进党召开八届一次临时“全代会”，391 位出席党代表一致同意，全数通过党内提名陈水扁代表民进党竞选 2000 年“总统”。民进党的作法导致许信良退出民进党自行参选。

五、第三阶段：两部分初选制度（2000 .7－今）

2000 年民进党以相当多数在台湾地区领导人选举中取胜，然而在“立法院”民进党仍处于绝对少数的地位，只有 1/3 的席次，为了改变“立法院”生态，民进党对于党内提名制度进行检讨和修正。2000 年 7 月 16 日在民进党的第九届第一次全国代表大会中，以超过半数 2 票的微小差距，通过了民进党公职候选人提名条例修正案，将过去“第一阶段党员投票成绩在提名额度加 1/2 名额内者，始得参加第二阶段民调，二者各占 50%”的规定加以修改，重新确定为：“先民调、后党员投票，前者占 70%，后者占 30%”。同时民进党删除了“四年条款”，即“四年内只能就总统、副总统或北高市长选举择一登记”；将入党 3 年始可提名修改为“连续满两年”；删除“报备参选”制度。民进党大幅提高民调成绩作为提名的最重要门槛，目的是使政党的提名更加贴近民意，降低“人头党员”弊病对于党内提名的冲击。但批评者认为民进党提名的新制度仍旧造成保障现任者、新人出线不易、造就媒体明星、从党员经营转向哗众取宠、削弱党纪约束等弊端。

民进党历年提名方式比较表[①]

年代	提名方式	备注
1950－1974 年	单打独斗（无）	个人身份投入选举
1976－1988 年	推荐提名	党外候选人推荐会推荐
1989－1993 年	党员投票	投票结果公开；不分区代表由中执委投票
1994－2001 年	二阶段初选	1994 年： 第一阶段：党员与干部投票（50%） 第二阶段：选民投票（50%）
		1996 年修改为： 第一阶段：党员投票（50%） 第二阶段：民意调查（50%）
		2000 年修改为： 第一阶段：民意调查（70%） 第二阶段：党员投票（30%）

第二节　民进党的提名策略

台湾各级区域民意代表选举采用的是复数选区单记非让渡投票制，“非让渡投票”即指不论候选人得到多少选票，都不能将当选所需最少票以外的多余选票移转或让渡给同党的其他候选人。在这种情况下，如果政党在同一选区中提名的候选人数目过多，就可能发生同室操戈，相互抢票，导致票源分散，当选席次反而

① 制表参考陈佳吉：“国、民两党提名制度演变之研析”，台湾《复兴岗学报》71 期，2000 年 12 月，第 110 页。

减少；如果提名数目过少，则可能坐失良机，未战先败，将席位拱手让人；如果个别候选人魅力四射，实力强大，成为“超级吸票机”，则可能对同党候选人产生排挤效应，影响总体当选席次。因此，“选票极大化”并不必然等同于“席位极大化”，而对政党来说，显然席位的增长比选票的增加更加重要。台湾东海大学政治系教授王业立指出，“原则上，政党在一复数选区中‘适当’的提名额度主要是依据：⑴该党过去在该选区中性质类似选举的得票率；⑵此次选举的预估得票率；⑶其他政党的提名策略；⑷政党本身的配票能力；⑸选区的选民结构；⑹党内的派系生态平衡；⑺在一票制下对全国不分区席次的影响；以及⑻妇女保障名额的考虑等几方面做理性的评估，才能找出最适当的提名额度，以期能将有限的政治资源做最有效率的分配与运用”①。

毫无疑问，对于民进党来说，胜选是民进党提名的首要考虑，否则标榜“民主”、“进步”的民进党在2000年“总统”选举提名中也不至于为了陈水扁个人而搁置“四年条款”。当然，民进党在多席次的民意代表选举中的提名名额必须考量，一是在党内参选爆炸的情况下，如何维系党内团结，避免鹬蚌相争，两败俱伤；二是必须有效地“估票”和“配票”，使得票率和当选席次相当，达到“选票极大化”与“席位极大化”的双重目标；三是根据支持者增长的人数，准确估算选票成长的空间，确定增加提名名额的数目，以压缩其他政党的选票和席次。从民进党的选举历史看，民进党的提名在民主化、维系党内团结、树立清廉形象、吸引青年选票等方面是较为成功的，但是民进党在汲汲营营于选举，创造选举明星的同时，却漠视了专业化的培养，以至于民进党执政

---

① 王业立著：《比较选举制度》，台湾五南图书出版公司，1998年第二版，第177页。

之后，显现出各方面专业人才、管理人才严重不足的弊病。

1. 民进党较注意提名额度的适宜性，通过适当提名，避免党内相互竞争。

相对于国民党，民进党自成立以来，从1989年开始即依循党内提名条例运作，同时民进党在与国民党竞争的过程中处于发展成长的趋势，因此除行政首长选举采单一足额提名方式，民意代表选举部分往往依据实力采取高额提名方式，提名超出预估实力30%—50%的名额。高额提名的策略，对于成长中的民进党是较有利的。在民进党发展的前期，高额提名维系了党内团结，化解党内争执，即使个别在党内提名中失利的人脱党参选，其参选空间也受到极大的挤压；高额提名使选举竞争更加激烈，拉高整个选举气氛，提升了擅长选举造势、文宣动员的民进党政治人物的声势；高额提名缩小了党意与民意的差距，使党内提名中处于不利的知名政治人物有机会接受民意的检验。但是随着民进党发展空间的局限，高额提名也造成低当选率的弊病。1995年12月的第三届“立委”选举，区域“立委”应选128席，由于党内参选人数众多，民进党高额提名71人参选，远远超出了其可能当选的实力，选举结果显示，其得票率较第二届增2.71%，总席次仅比第二届增3席。1998年12月的第四届“立委”选举，民进党总结上届选举的经验教训，以“立委”席次总额的45%为提名策略，并且先确定了提名名额才举办党内初选。2001年第五届“立委”选举，民进党经过4月1日初选，整合较为成功，顺利地产生了县市长及“立委”的候选人，并且依据实力原则提名适当，区域“立委”选举部分提名79人，与第四届提名数相同，选举结果民进党虽然得票率为36.57%，其总席次为87席，占38.67%，成为“立法院”第一大党，不能不说是得益于成功的提名策略。

2．民进党提名人选注意打形象牌，充分把握和利用台湾中间选民“选人不选党”的倾向，提名具有高知名度，形象良好的“明星级”人物出马参选。

许多地方民众通常只认同个人、派系，却不认同政党。但是也造成在党内培植出个人势力和地方实力派的弊端。依赖个人形象和地方实力参选成功的政治人物，往往不依附党部，形成个人自身的政治资源。1994 年省市长选举，民进党提名陈定南参选台湾省长、陈水扁参选台北市长、张俊雄参选高雄市长。此 3 人都是号称民进党内的“政治明星”，陈定南主政宜兰 8 年，被称为“陈青天”，政治操守几乎“无懈可击”，以“廉能”著称；陈水扁则在台北市议员和“立委”任内树立了“严谨问政”的形象。1998 年的北高市长选举则以“南长北扁”的布局，将美丽岛事件辩护律师的两大“政治明星”陈水扁和谢长廷联手推出。

3．民进党提名过程较为充分地发挥了民主、协调的机制，降低了初选中失败者脱党竞争的可能性，也削弱了脱党参选者当选的可能性。

由于民进党建立了较为健全和民主的党内提名制度，使民进党在岛内的各项选举中保持了较为团结的形象。经过提名程序而出局的参选人，如果不愿接受在党内初选失败的现实，进而脱党自行参选，往往在选举中失去政党支持者的认同。没有政党的背书和支持，同时又缺乏地方政治实力，民进党的脱党参选者往往落得败选的结局。历史上曾经作为民进党政治人物活跃于台湾政坛，后来因党内初选失利而执意脱党参选，最终失败而淡出台湾政治舞台的人为数不少，其中较为知名的包括黄玉娇（1993 年脱党参选桃园县长失利）、朱高正（1994 年脱党参选台湾省长失利）、许信良（2000 年脱党参选“总统”失利）、张温鹰（2001 年脱党参选台中市长失利)、施明德(2002 年脱党参选高雄市长失利)等人。

4. 民进党提名人选注意老中青搭配，注重培养新生代，加速了党内世代更替的过程。

不可否认，由于民进党在选举中成长迅速，不断地攻城略地，使得党内新生代获得较多的机会，然而也不可避免地推进了民进党内世代交替的进程。民进党提名制度的多项设计，如不满 1/2 任期不得转换轨道、得票数未达当选最低票数 70%的候选人 5 年内不得参选其他公职等限制条款，客观上鼓励和支持了新人出头。有人把民进党的政治世代划分为美丽岛世代、美丽岛事件辩护律师世代、“野百合”学运世代、新新人类世代；有人则根据“中华民国纪年”进行划分，根据出生年代分别称为四年级(生于 50 年代)、五年级(生于 60 年代)、六年级(生于 70 年代)和七年级(生于 80 年代)。随着美丽岛事件辩护律师世代如陈水扁、谢长廷、苏贞昌、姚嘉文等登上台湾政坛的顶峰，美丽岛世代则显现出“逐渐飘零”的感叹，如许信良、施明德等已经淡出政治舞台，吕秀莲、张俊宏则处于权力边缘，黄信介更是斯人已逝。学运世代则紧跟党内权要，有的在各个权力和机要部门露出头角，占据要津，有的在“立法院”及各地方议会占有相当份量，如“立法院”的罗文嘉、萧美琴、段宜康、李文忠、赖劲麟、郭正亮等；台北市议会的田欣、周威佑、徐佳青、李昆泽等；以及紧跟在陈水扁身边的马永成、林锦昌、林佳龙等，都是民进党内的新生代，颇有成为台湾“政坛新星”的趋势。

第三章　民进党选举组织及其动员策略

在选举中，选举动员组织是选举的核心，关系到如何动员和组织人的力量使候选人在选举中获得成功。民进党依靠选举起家，在选举动员组织的组成和运用方式上与国民党的传统方式有很大的不同，比如，国民党在地方基层的选举中更多地依赖于地方派系的动员力量，而民进党显然必须更多地依赖于政党及其候选人个人的动员能力。随着民进党力量的不断发展壮大，民进党选举动员的外围组织也愈来愈多，越来越庞大，对于强化民进党在选举动员中的组织战和造势活动无疑是有利因素。

第一节　政党及其派系辅选

美国政治学者迈克尔·罗斯金指出："政党最显著的功能就是让公众去投票。为了它们自己候选人的竞选，政党会努力激发投票人的利益动机以提高大选日的投票率。没有政党的宣传，许多选民会对大选置之不理……通过对一些问题的简化和解释，政党能让投票者在复杂的选项中作出选择”[1]。毫无疑问，政党是选举中的主要组织和动员力量，政党是民进党候选人的最重要辅选组织。没有政党组织作为后盾的独立候选人是极难当选的，民进党成员脱党参选而成功的寥寥无几。事实上，在台湾正是由于政党的激烈竞争，一方面使得台湾各项选举的投票率基本上维持在60%以上，尤其是关系执政权更替的台湾地区领导人选举，投票率达到80%；另一方面，由于政党无休止的地毯式动员，台湾选民形成相对稳定的政党支持倾向，使中间选民的空间缩小，政党可以动员的空间也越来越窄。

民进党是从党外参选的过程中萌芽成立的，在选举中发展，在选举中夺得执政权。民进党成立之初，即依据选举型政党的性质设立组织架构，成立文宣部、组织部、政策委员会、选举对策委员会等从事选举动员、组织、对策研究的部门，并计划设立青年、妇女、海外、产业等特种党部。随着民进党政治组织和政党实力的成长，民进党中央的组织机构也不断调整，但仍然保留了选举型政党的架构。依据民进党现行《中央党部组织规程》第八条的规定，民进党中央党部分设下列党务机构：秘书处、组织推广部、文化宣传部、国际事务部、社会发展部、妇女发展部、青年发展部、中国事务部、族群事务部、财务委员会、政策委员会、民意调查中心、台湾民主学院。民进党中央是组织和指挥选举的总协调机构，无论是组织、文宣、社会动员、政策研究、民意调查等，大多是围绕选举工作展开的，其中“台湾民主学院”则是民进党专责培训党务、政务、选务人员的机构。此外，民进党还分设地方党部，包括县市党部及乡镇市区党部，负责地方选举动

① ［美］迈克尔·罗斯金等著，林震等译：《政治学》，华夏出版社，2002 年 7 月第 1 版，第 162 页。

员事务；还在海外各地区设立海外党部，直属民进党中央党部，其组织层级相当于县市党部，目前民进党在海外有美西、美东、美南、加拿大、拉丁美洲、东北亚、东南亚、非洲、大洋洲、欧洲等合计10个海外党部，负现海外支持者的组织与动员工作；还设立劳工党部和原住民党部，作为直属中央党部的特种党部。民进党的各县市党部以及特种党部均专门设立选举对策工作小组，负责选民结构的研究、各政党得票的分析、选情的调查、竞选策略的规划、票源的开拓与分配以及其他选举有关事项。

在每一次选举的过程中，民进党中央除直接负责候选人提名，办理党内初选，拟定选战策略，确定文宣主轴，成立选战指挥中心，还需要组织中央助选团，巡回各地为民进党候选人站台、演讲、造势。1989年底民进党首次有组织地参选过程中，民进党中央就成立了“中央巡回助选团”，并分北部、桃竹苗、中部、南部4个团，分别由康宁祥、江鹏坚、姚嘉文及陈永兴担任召集人，巡回各地演讲助选。但由于民进党中央未能有效地组织助讲员，同时也受到党内派系辅选的冲击，民进党中央的巡回助选成效并不令人满意。相对地，民进党当时利用余登发案、许信良闯关回台、林义雄带着“台湾共和国基本法草案”回台等政治事件的机会，在岛内掀起一波波的政治宣传，为民进党候选人造势。1991年底的“国代”选举，民进党也组织了中央助选团，巡回全省演讲，主轴是宣扬“总统直选”的“修宪”主张。1994年省市长选举，民进党中央拟定的选举策略是不避谈统独问题，同时“以务实态度规划新台湾蓝图”。1997年县市长选举，时任民进党主席的许信良组织辣妹助选团为候选人造势，一时成为风格新颖、颇有卖点的助选方式。1998年林义雄接任党主席后，民进党中央助选团显得气势较为低落，虽然也有市场的拜票、记者会、车队游行以及晚会，然而由于风格过于平实，其吸引的人气甚至不如各派系的助选。2000 年，民进党与陈水扁的个人竞选组织相互整合，民进党主席林义雄出任陈水扁选战指挥中心的总指挥。2002 年，民进党为了赢得北高两市市长和市议员选举的胜利，早在 2 月底，就成立了“北高两市选举胜选小组”，全面规划提名作业，6 月正式征召时任高雄市长的谢长廷竞选连任，“行政院秘书长”李应元参选台北市长，8 月初，民进党中央成立“北高选战指挥中心”，陆续在台北、高雄两市举办大型造势晚会和游行活动，并由陈水扁、“行政院长”游锡堃等党政高层亲自站台助选。

在“立委”及县市议员选举中发挥组织协调作用，也是民进党各级党部的重要责任。“立委”和县市议员选举中，由于民进党的票源基础具有一定的稳定性，在有限的票源基础上尽可能地增加当选席次，就必须防止选票过于集中到某个候选人身上。因此，民进党各级党部往往要求各选区的候选人采取联合竞选的策略，推出统一的文宣，成立联合竞选总部，防止本党候选人之间相互攻讦，相互倾轧。为了使支持者的票源在各候选人之间相对平均地分配，各级党部往往出面规划与号召支持者自动配票，依据身份证尾数或出生月份确定投票给不同的党籍候选人，甚至由民进党中央发出配票令。民进党的联合竞选策略曾经在台北市及台北县等地发挥过较为成功的作用。特别是在 2001 年底的“立委”选举中，民进党的联合竞选方式为在有限票源的基础上夺得“立法院”第一大党的地位起了重要作用。

派系共治是民进党的政党特色，民进党的派系主要是由公职人员和党中央领导机构中的党务人员为核心所组成的，派系的构成在历史上有过分化组合，在民进党发展过程中有 5 个派系较有影响力，包括美丽岛系、新潮流系、福利国连线、正义连线和

“台独联盟”。民进党的派系生态在选举中表现得极为明显。除了政党辅选系统，党内派系基于本身的政治利益，无不竭尽全力为本派系成员助选。由于各派系在选举中的积极和强势辅选行为，在选举中，特别是多席次的民意代表如“立委”、县市议员选举中，派系的助选力量和作用甚至于超过政党的辅选力量，各派系的助选取代了党中央的辅选。民进党各派系不仅在选举中成立派系助选组织，而且推出共同政见和共同文宣，举办派系造势活动，协调本派系公职人员的助选活动，甚至组织本派系候选人展开联合竞选活动。

早期的民进党派系围绕选举展开的竞争主要是在新潮流系和美丽岛系之间。新潮流系较为排斥选举所代表的公职路线，而是走激进的意识形态斗争与群众运动路线，注重培训“党工”，经营“学运”、“工运”、“农运”。随着民进党实力的发展，新潮流系积极投入各项选举，把选举本身当作政治运动的工具，通过选举进行组织动员。新潮流系从办杂志进行理论批判和思想动员开始，逐渐重视提高组织的动员能力，新潮流系最后发展成组织健全而纪律严明的派系。在民进党内普遍缺乏组织人才与基层实力的情况下，新潮流系却拥有党内各派系竞争中不能轻视的基层动员能力。新潮流系在地方选举中的支持对象并不局限在本派系成员，也支持非本派系成员，其中包括政治理念相同的候选人和由新潮流系公职服务处推出的候选人。新潮流系在选举中特别支持和鼓励派系成员结合成选战连线，作为派系的联合竞选组织，如台北县的“白鹭鸶连线”和彰化县的“番薯心连线”等都是新潮流系长期重点支持对象。新潮流系集体作战、集体约束的模式，被形象地戏称为“打群架”，无论在党内权力斗争还是在岛内政党较量中，都是不可忽视的一股政治力量。新潮流系的群聚作战模式，从选举中延续到选举后，新潮流系要求各级民代在选后成立联合办公室、聘请联合助理。而美丽岛系，一向被视作地方山头的结合，缺乏理念及组织运作，只是单纯为选举利益才形成的联盟。

1989 年岛内三项公职人员选举前一年左右，新潮流系就成立了由邱义仁、林锡耀等人组成的选务小组，定期检讨各地候选人的情况，评估各地候选人的实力，是当时民进党内最为积极部署选举工作的组织之一。新潮流系参选公职的成员为了联合竞选，成立了连线组织，如 1989 年 10 月 28 日由新潮流系推动和主导成立的“新国家联线”，由 32 位新潮流系及其他公职候选人组成，姚嘉文为主任，林浊水为总干事，“新国家联线”还提出“新国家、新宪法”、“东方瑞士台湾国”等包含浓厚“台独”意识的口号作为共同的政治诉求，甚至直接抛出所谓的“新宪法草案”作为共同政见和文宣内容。选举结果“新国家联线”当选 20 人，其中 8 席“立委”，12 席省市议员。美丽岛系随着张俊宏提出“地方包围中央”的路线，也积极投入县市长选举，当时以台湾政经研究室为派系内运筹帷幄的选战指挥中心，甚至挑选派系成员到美国、日本接受选务培训。其他如谢长廷在台北市以“彩虹连线”为基础，组建了“台湾命运共同体连线”；前进系成员在台北市还组成“绿色拍档”连线。

陈水扁当选台北市长后，成为民进党内的助选明星，正义连线的候选人也水涨船高，得到陈水扁的全力支持。1997 年台湾县市长选举，陈水扁在民进党中央之外自行组织“宝岛希望助选团”，为民进党各派系的候选人助选，在台湾岛从南到北掀起一股政治旋风，成为民进党胜选的重要因素。

1998 年底的“立委”、北高市长、市议员“三合一”选举中，民进党派系的助选力量表现得尤为突出，时任党主席林义雄甚至不得不公开表示："对于派系、党团、次级团体的辅选，党中央支持及欢迎！"。正义连线随着陈水扁在台北市的执政而影响力上升，1998年在民进党的"全代会"中取得3席中常委之后，进一步积极规划市长及"立委"选举，召开派系辅选会议，推出共同文宣、共同政见。正义连线办公室还在报刊上刊登"正义连线世纪团队"的广告，集体推荐正义连线的21位候选人。1998年10月和11月，正义连线推出两轮派系助选高潮，组织连线菁英辅选列车，举办"正义之夜"的联合造势活动，整合同派系的执政县市长为13位派系"立委"候选人辅选。福利国连线则成立派系辅选团，由"立委"颜锦福任团长、"国代"王铭源任副团长，设立5人小组，由颜锦福、王铭源、"立委"郭时南、前彰化县长周清玉、"国代"李茂全组成；5人辅选小组每周开一次会议，推出派系的共同政见，并组织派系公职人员为14位派系参选人站台。美丽岛系在许信良卸任党主席之后，也展开派系辅选动作，许信良本人在全台21县市奔走协调，许信良个人设立的新兴民族文教基金会专门针对选举进行政策研究和民意调查。美丽岛系的助选团队成立选举策略小组，拟定选举的人事、组织、宣传以及主轴，并推出派系共同的选举"吉祥物"。在竞选后期，新兴民族文教基金会还组成以许信良为团长的金达尼号助选团，利用电影《泰坦尼克》造成的文化影响，仿造了助选宣传车金达尼号，充分发挥视觉效应，白天到人潮聚集的市场宣传或游街造势，晚上则配合候选人发表政见，邀请知名人士助讲，举办歌舞晚会。相对地，新潮流系由于派系组织结构健全，并没有成立专门的辅选机构，而以各县市的"区会"为基础，"区会"中有派系成员（流员）以及流员代表，派系的机构政协召集人及新系办公室的干部负责协调解决"立委"参选人的困难。

民进党执政后，陈水扁统合了党内各派系的力量，派系的相对独立性受到压抑，各派系在选举中的作用反而相对低调。

第二节　个人竞选系统

无论政党辅选组织的实力有多强大，作为候选人，个人竞选系统仍是最重要和最可靠的选战组织，是整个选举组织战的核心。台湾“公职人员选举罢免法”第46条规定：“候选人于竞选活动期间，得在其选举区设立办事处及置助选员”。“总统副总统选举罢免法”第40条也规定：“同一组候选人于竞选活动期间，得设立竞选办事处。其设立竞选办事处二所以上者，除主办事处以候选人为负责人外，其余各办事处应由候选人指定专人负责。并应将办事处地址、负责人姓名向中央选举委员会登记。候选人竞选办事处不得设于机关、学校、团体或经常定为投、开票所之处所及其他公共场所”。各候选人为了最有效地调配和运用人力、物力、财力，无不成立竞选办事处，或竞选总部与分部，作为个人的竞选系统。个人竞选系统是候选人最忠实可靠的组织，是候选人可以直接指挥运用的系统。“如果选举是一场战争的话，那么竞选总部就是作战总指挥部，总干事犹如指挥官，各部门就像各个军种，因此，从竞选总部的组织架构，可以看出候选人兵力部署的情况及实力”①。

民进党成立之前，党外组织的势力大都是依靠个人力量累积起来的。民进党成立之初，参与选举仍与党内政治明星的个人号

---

① 张菁雅：《图解台北市长候选人陈水扁的兵力图》，台湾《新新闻》603期，第53页。

召力有极大关系。除了在法定的选举期间成立竞选办事处，民进党政治人物为了培植个人实力和吸收社会资源，往往在选前即成立办公室或基金会，作为建立个人政治舞台的根据地。陈水扁在1989年参选增额“立委”前就就以吴淑珍的名义会集一批专业的助理，成立“立委吴淑珍办公室”，发行“陈水扁通讯双周刊”，作为个人的政经研究室，也是个人的选举幕僚单位和竞选组织，从事选举诉求、公共政策、法案等方面的研究。陈水扁还提出了“正义、进步、安全”的竞选口号，以关心公共政策、思考“台湾主权”、争取民众权益的“正义的扁担”自诩。

1996年台湾地区领导人选举，民进党推出“台独教父”彭明敏参选，由于彭明敏与民进党的历史渊源不深，为了参选而临时入党，在民进党内没有个人的政治班底，因此并没有得到民进党的全力助选，民进党内公职大多持消极观望态度，党内各派系政治人物更是冷漠对待，时任台北市长的陈水扁还多次以“阿婆生仔”形容彭明敏参选。彭明敏个人的竞选总部与民进党中央之间，呈现出多头马车共同主导选情的局面，相互争夺选战的主导权。彭明敏在路线上主张“台独”的基本诉求，而民进党中央在施明德主导下倡议“大和解”；民进党文宣部门与彭明敏竞选总部的意见也不一致，彭明敏对于民进党“用游览车动员”的选举方式不以为然；在人事上，彭明敏主要借重于其本身个人的人马，民进党内其他派系难以插手。于是，民进党内“李登辉情结”发酵，发展成“弃彭保李”的效应，民进党的大量支持者转向支持李登辉。民进党在选后的检讨中表示，民进党的政党辅选组织与彭明敏的个人竞选系统未能有效协调也是败选的重要原因之一。

陈水扁在前后两次参选台北市长过程中，主要是依靠自己个人的竞选班底，而民进党中央沦为周边配角，有时也出现步调不一致的情况。1994年陈水扁参选台北市长过程中，打出“快乐、希望”的竞选口号，时任民进党主席的施明德抛出“金马撤军论”，引起舆论一片哗然，冲击陈水扁的选情，陈水扁个人竞选阵营赶紧撇清。

1998年陈水扁在参选连任台北市长的过程中，以福尔摩沙基金会为骨干，建立个人竞选系统，由“台独”大老、陈水扁的“恩师”李鸿禧担任竞选总部总干事，协助其稳定独派票源；游锡堃和简锡阶出任副总干事，分掌组织和企宣部门；而陈水扁的亲信罗文嘉则担任执行总干事，实际领导下属的组织部、企宣部、义工部三大部门。此外，还依照市议员的六个选区设立六个分区总部，分别是东区（负责松山区、信义区）、西区（负责中正区、万华区）、南区（负责大安区、文山区）、北区（负责士林区、北投区）、中区（中山区、大同区）、港湖区（负责南港区、内湖区），分区总部的工作主要在于协助基层成立地方后援会、探访民情、接受民众陈情，以及在对手拜票之后即时进行消毒等工作。为了吸引青年选票，陈水扁还推出强调青春、活力与年轻人自主性的“青春另类竞选总部——扁帽工厂”，由所谓的“扁帽一族”的成员共同组成，以剧团、乐团等方式加以组织。为了吸引妇女选票，陈水扁不仅推出妇女政策，还成立“水当当妇女竞选总部”。陈水扁竞选总部还成立了竞选委员会，由黄信介、林义雄、高玉树、邱连辉、余陈月瑛及民进党各县市长等担任荣誉委员或委员。同时成立顾问团，由彭明敏任团长，陈定南、尤清、范振宗任荣誉顾问，姚嘉文、许信良等民进党和独派大老出任顾问。

1998 年陈水扁参选台北市长的竞选总部架构

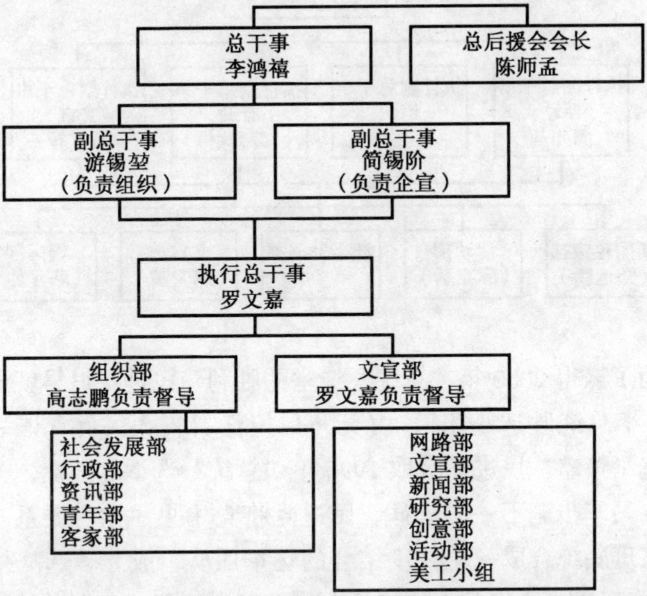

1998 年竞选高雄市长的谢长廷竞选总部则以高雄县黑派的余陈月瑛为总干事，任命从国民党阵营策反过来的王文正为执行总干事，下设 4 个执行副总干事，分别负责文宣、行政、组织和活动等工作，并在竞选总部下设国际部、文宣部、社会发展部、活动部、新闻政策部。谢长廷竞选总部在策反国民党的地方派系以及文宣大战中起了显然非常重要的作用，为谢长廷的胜选立下汗马功劳。

1998 年谢长廷参选高雄市长的竞选总部架构

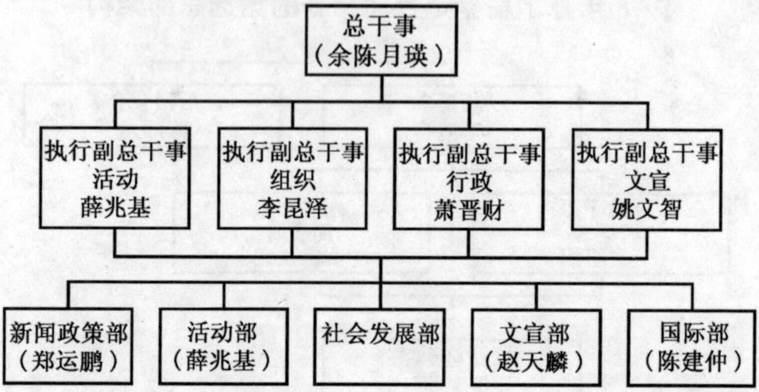

为了赢得 2000 年“总统”选举的胜利，民进党很早就成立了“2000 年总统胜选小组”，由吴乃仁担任召集人，负责谋划“总统”选举策略。民进党吸取 1996 年“总统”选举的教训，为了避免多头马车步调不一的弊病，民进党将党中央、党内派系、陈水扁个人班底统合成一个高度结合的选举团队，成立“选战指挥中心”，由民进党主席林义雄担任选战总指挥，起总负责、总协调的作用，是最高领导人。同时在总指挥领导下，由张俊宏召集成立“策略会议”，由党内派系各派两名代表组成，名为集思广益研拟重要选举战略，实则安抚和协调派系利益冲突。陈水扁的竞选总干事则由与陈水扁关系深厚的张俊雄担任。执行总干事执掌实权，由新潮流系的邱义仁担任，负责实际的选举操作。陈水扁的原有个人竞选班底主要以“福尔摩沙办公室”为基础，被纳入竞选团队的一部分，“福尔摩沙办公室主任”李逸洋出任副总干事，负责候选人事务所。过去在陈水扁竞选中起重要作用的罗文嘉出任民进党中央文宣部主任，并兼任陈水扁负责文宣的竞选副总干事，以协调民进党与陈水扁的文宣策略，马永成则担任陈水扁的特别助理。其他几位副总干事游盈隆负责研究群，林文渊负责行政群，王拓负责组织群，简锡阶负责动员群。此外，在陈水扁的选战指挥中心还附设有财务委员会、“国家”蓝图委员会、助选团、后援总会，网罗学者专家等社会各界的支持力量。在选战开始前，陈水扁仍然成立了竞选总部，作为支持者集会和举办选举活动的场合。

2000 年陈水扁参选“总统”时的竞选团队组织图

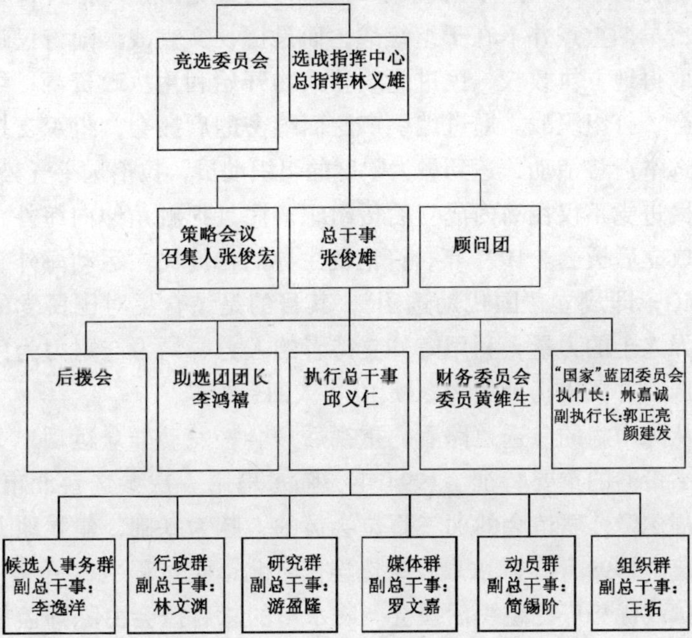

2002 年，民进党“比照总统大选模式”为李应元打造竞选团队。台北市 8 位党籍“立委”、“扁友会”成员及福尔摩基金会、陈水扁过去的“台北市府团队”、以台北县长苏贞昌为总团长的

"光复首都助选团"也全部投入辅选工作。在高雄市，谢长廷的核心幕僚、子弟兵全面投入选战，成立"高雄彩虹联盟"，拉笼、策反泛蓝人马。

第三节 后援会组织动员

早在党外运动时期，民进党政治人物就依赖选举后援会的支持以赢得公职人员选举的胜利。当然，民进党由于政治经济资源缺乏，早期重点并不在于组织战，而是擅长文宣战。随着民进党逐渐取得地方执政权，民进党政治人物开始利用执政资源，组织后援会，打组织战。通过编织广泛而绵密的后援会，组织支持者参与选举造势活动，达到最大限度的组织动员，拉抬选举气势。

民进党不仅在岛内成立后援组织，而且把触角伸向海外，在国外成立后援会。1991 年，许信良主导的台湾民主运动海外组织（TDMO）即成立"国代助选团"，其目的是结合反对国民党的海外各界人士的力量，利用海外支持者的人力、物力与财力为民进党助选，并派出杨黄美幸率领 10 多人回台参选。

从陈水扁的参选道路看，重视后援会，发动群众运动，更是其选举策略的重要特征。1994 年，陈水扁第一次参选台北市长，即以福尔摩莎联谊会的两三百位会员的人脉为基础，建立地方动员系统。1998 年，陈水扁在参选连任台北市长过程中，更进一步利用执政优势广泛组织后援会。陈水扁的总后援会由陈师孟担任会长，下辖的后援会系统分为地方基层后援会及社团后援会，包括以青年为对象的青春后援会，以客家族群为对象的客家后援会，以及原住民后援会、中小学教师后援会、狮子会、区后援会等等。民进党在台北市甚至以里为单位，435 个里各成立 1 个后援会，每个后援会的成员少则五六十人，多则上百人。民进党也成立了将近 100 个社团后援会，每个社团后援会的成员在 200 人左右，民进党在医师、技师等专业社团方面的动员能力又比传统商业团体的动员能力强。参选高雄市长的谢长廷也成立了 44 个后援会进行组织动员。台北市长败选后，陈水扁着手准备参选“总统”，在各地成立“陈水扁之友会”，入会者没有任何限制，只要是支持陈水扁即可参加，现在“扁友会”已经发展到北美等海外地区成立分会。陈水扁还在台北市以曾任市长的有利条件，以青商会、扶轮社等社会团体作为个人的后援网络，同时也得到台湾医界联盟、台湾教授协会等社会上层人士的支持。

在选举最后阶段，大规模的选举造势活动往往是展现政党和候选人动员能力和拉抬选战气势的重要手段。候选人通过通过后援会系统，动员成千上万的支持者参加游行示威、选举晚会等来展现政治实力，拉抬选举气氛，激发支持者的投票热情，吸引游离选票。1994 年台北市长选前一周，陈水扁阵营在台北市中山足球场举办万人造势晚会，把沸腾的选情推向高潮，聚集了可观的人气，展现了民进党前所未有的动员能力。1998 年台北市长选举决战前一周，陈水扁阵营再次选择中山足球场举办“全岛总动员、抢救陈水扁”的造势活动，民进党中央在活动前发出动员令，要求党籍“立委”候选人动员支持者北上参加造势活动，据估计有 10 万以上的支持者参加，其中有两三万是外县市支持者。11 月 29 日，谢长廷从高雄中正文化中心出发，通过后援会动员支持者参加大规模的游行造势活动，由于参加人数近 10 万人，号称高雄有史以来的最大游行。2000 年 3 月 17 日，陈水扁还利用竞选的最后一场大型造势活动场合，向支持群众作出当选后的“五大保证”，其中之一就是承诺当选后不再参与党务运作。

在 2002 年底北高市长选举的最后一周，民进党在台湾南北的台北市和高雄市均举行了大规模的造势活动。民进党候选人还打出李登辉和陈水扁两张“总统牌”，让他们在选举晚会上站台助选，一边一个，牵着候选人的手，高喊“台湾民主优先”、“台湾民主万岁”的口号。在投票前一天，陈水扁不仅陪同台北市长候选人李应元游街造势，当晚，民进党还在中正纪念堂举办选举晚会，以全党的力量，请出陈水扁、李登辉、吕秀莲、陈水扁夫人吴淑珍等为候选人李应元站台造势。晚会现场人山人海，据估计约有 5 万支持者参加，成为市长、市议员选举的最高潮。

2004 年选举日益临近，泛绿阵营的造势规模也越来越大，2003 年高雄 1025 公投游行号称有 20 万人。“陈吕配”确定后，民进党动辄号召数万、10 多万人举办造势晚会。由“挺扁总会会长”李登辉出面，泛绿阵营还计划在 2004 年 2 月 28 日举办百万人的造势活动。选情激烈也使得民进党组织的选举造势活动的规模日益庞大，反过来也刺激了泛蓝阵营的造势动员规模，加剧了选举中的对立气氛。

第四节　“省籍—族群”意识动员

长期以来，“统独”问题和“省籍—族群”问题就是台湾选举中争吵不休的议题。当然，这些问题的发生有其历史的原因。国民党在台湾回归祖国后不久，就制造了“二·二八事件”，给台湾人民的心中留下了永远的伤痛。在威权统治时期，白色恐怖也吓阻了民众的政治参与。除了地方选举外，很少提拔本省籍的人士参与高层政治领域。在社会生活方面，为了维护其权威，对台湾本省的一些事物进行压制，如禁止讲闽南语。如此等等，造成了台湾民众中的“省籍—族群”意识和所谓“本土化”的兴起，并在“解严”后的政治选举中被最大限度地操弄成为政治权力再分配的魔棒，同时“统独”问题也越吵越热，成为争夺选票的利器，而这两大议题，有时在操作上是二元一体的。

1979年《美丽岛》杂志社发起的游行中，尽管以民主、人权为主要诉求，但游行中喊出的“台湾人要站起来”、“台湾是咱的土地”、“台湾人万岁”等口号所含有的“省籍—族群”方面的渲染煽动也是非常明显的，民进党人在讲到这一点时并不忌讳。[①] 1987年，民进党发动“五·一九行动”，在群众集会上，有人高呼“台湾独立万岁”。此后在各类选举中，民进党的候选人，在喊出强烈的政治动员口号、煽动族群政治等方面，有诸如此类的言语，“反对外来政权”、“台湾人选台湾人”、“外省人父债子还”、“中国人回中国去，台湾人走出来”、“中国猪，滚回去”等等，这类的口号一到选举，就像墨汁一样四溅开来。民进党把操作“省籍—族群”和“台独”作为自己成长的奶水，在相当长的一段时期里，专注于在这些议题上做文章。1989年11月28日，陈水扁为竞选“立委”，在《自立晚报》上刊登了“台湾独立万万岁”的竞选广告。到1991年民进党通过了“台独党纲”后，这类性质的选举言论和文宣更是大量出现。1991年年底的二届“国代”选举，民进党候选人主打的政见是“公民投票建立台湾共和国”、“制宪建国”、“总统直选”、“反对统一”等，而不少民进党候选人在选举中，也极力强调和突出其“台独”主张。

在民进党玩弄“省籍—族群”动员过程中，很多外省人感到紧张，于是新党应运而生，而国民党也没有放过将“省籍—族群

① 张建隆、王建仁：《暴力与诗歌——高雄事件与美丽岛大审》，台湾时报文化出版社，1999年版，第99、105、134页。

牌”作为选举的动员方式之一，这使得 20 世纪 90 年代台湾选举中“省籍—族群”矛盾及对立得到了强化。实际上，台湾民众在日常生活中，一般难以感觉到这种分歧的存在，但一到选举，这些东西就犹如放出了魔瓶的魔鬼一样，膨大无比。“省籍—族群”动员对选民的投票行为发生了很大的影响，在单一选举，如台北市高雄市市长选举、“总统”选举中，台湾选民的策略性投票，即所谓的“弃保”，“省籍—族群”因素往往成为影响其发生的重要因素之一。1994 年“弃黄（大洲）保扁”、1996 年“弃彭（明敏）保李（登辉)”、2000 年“弃连保扁”等等都有这个因素在内。所以，各党往往根据自己的形势而使用“省籍—族群”牌。

1994 年台湾省省长选举，民进党就针对宋楚瑜的外省籍出身，极力地攻击，大力煽动本省籍民众的“省籍 - 族群”意识，“台湾人选台湾人”、“变天”、“番薯对芋仔”成为他们最经常诉求的口号。1996 年“总统”选举，民进党推出彭明敏谢长廷搭档，也提出了“终结外来政权”、“要独立，反统一，爱和平”、“和平尊严，台湾总统”等文宣口号。

在 1998 年台北市长选举中，陈水扁聘请了李鸿禧为竞选总干事，刻意拉拢激进“台独”势力。在选战中也对马英九使用了比较多的“族群—省籍”方面的攻击性文宣，公然提出“台湾民进党的陈水扁对抗中国新党的马英九”，并抛出所谓的“新卖台集团”抹黑对手，其阵营还刊登广告指责赵少康不敢说自己是台湾人，在自己这方已经激起了“省籍—族群”对立后，还“打人不准喊疼”式地宣称“二十天内不挑起族群话题”。败选后其阵营曾认为败选原因在于李登辉为马英九站台时提出“新台湾人主义”去支持马。其实一份选后民调显示，李登辉提出“新台湾人主义”虽然对马英九争取游离选票的认同具有作用，但总体上并无特别大的影响。因为该民调显示，只有34%的人认为国民党赢得这次“三合一”选举，“新台湾人主义”应该居首功，却有高达42.7%的人不支持这项看法。[①] 对于“新台湾人”的含义，民进党有人公然提出“新台湾人不是中国人”。选后陈水扁阵营却极力散布外省人对其不公，这在中南部民众中就更激起了投射在其身上的“省籍—族群”意识。

2000年“总统”大选，陈水扁阵虽然打出所谓的政治中间路线，并提出很多吸引中间选民的政策和文宣口号，但他对“省籍—族群”动员并未放过，而是由吕秀莲等人为先锋来打这张牌。例如吕秀莲就说，连战、宋楚瑜都不是“正港”台湾人，台湾民众要让“水莲配”这等“正港”台湾人“正港出头天”；呼吁选民“绝不能选一个北京的代言人当总统”，并说“别看连战是台湾人，他是大陆西安出生的，他怎么有资格当台湾人的总统”。[②]

面对台湾社会对“省籍—族群”动员的不满，为了争取中间选民，民进党的候选人也会提出族群融合或消除族群分歧的口号。例如陈水扁在1994年台北市市长选举中，打出了“扬弃历史悲情，迈向族群共荣”文宣和提出眷村改建的政策，但是，对于这些民进党候选人而言，这些都不是其真正的原则和信念，而是在选举中为了选票而摆出来的给人看的。如果在下一场选举中，挑起“省籍—族群”矛盾更有利于其获得选票，他们也是会毫不犹豫地改用性质截然不同的口号。

“台独”是民进党的一张“神主牌”，在其成立后的多次选举中，如1991年第二届“国代”选举、1994年省长选举、1996年

---

① 《陈水扁败选，民调认为与新台湾人无关》，台湾《中华日报》1998年12月13日。

② 台湾《联合报》，2000年2月10日和2月25日。

“总统”选举，激进的“台独”文宣都闹嚷得比较大，但对其选举的动员效应却不怎么样。历经90年代初中期选举成败的经验，以及当时李登辉“本土牌”的强大冲击，一些务实的民进党候选人感到要改变选民心目中民进党“好斗”、“暴力”、“不安定”的形象，就要注意不要让激进“台独”诉求成为选票成长的瓶颈，因此他们在选举中就对“台独”的文宣诉求进行了更柔性的表述、更精致的包装和更为灵活的处理。然而，在选举中，一些政治人物动不动就祭出他们所谓的“本土化”的“政治正确”标准，并将之滥用得无所不至，不论是在政治上还是在经济、文化、教育、社会交流等各方面推行所谓的“本土化”和“去中国化”，对外省籍人士的政治参与大加打击。这种攻击往往饱含着浓厚的“血统”、“出生地”等歧视，如上述吕秀莲对连战的攻击，以及陈水扁阵营攻击马英九是“香港脚”等。

在一些“台独”分子眼中，“本土化”的定义就被简单地化约为：“本省人或本省党 = 反殖民（反中国） = 反一国两制 = 民主 = 拥李或拥扁 = 维护台湾利益”，而非“本土化”则被定义为：“外省党 = 支持一国两制 = 反民主 = 反李或反扁 = 出卖台湾利益”。[①]在台湾有人总结说，“只要是常跑大陆者、常有中共人士接触者、主张两岸应积极交流者、主张两岸未来可组国家体制者，都不免被此等人士视为中共代言人，被其冠上‘联合中共，打击台湾’的口号”。[②] 这种“本土化”因此几乎成为“台独”整体包装的外衣，这些人在“企图把‘省籍—族群—本土化’引向‘去中国

① 《本土化的背后》，台湾《中国时报》2001年7月14日。

② 刘念夏：《走出狭隘本土化，台湾路更广》，台湾《中央日报》2001年9月30日。

化'，引向分裂主义的道路"方面，[①] 是竭尽挑拨之能事。如李登辉之流，就以敌视祖国大陆、刺激"本土"意识的选举谋略，做出了诸多恶化两岸关系的行为，如放出"两国论"等等。而在陈水扁上台之后，利用种种手段对媒体施加控制，不仅出台了各种"去中国化"的政策，而且积极利用各种资源为"台独"做宣传。在2004年大选迫近时，陈水扁又继承了李登辉的手法，采取了诸如"公投"、"2006年制宪"等一系列做法与提法，企图继续搞这一套对台湾民众贻害无穷的选举招数。

其实，"省籍—族群"意识和所谓"本土化"的兴起，是与台湾特殊的历史和由此沉淀出的复杂而深沉的悲情意识相关的，但更与政治参与过程某些政治人物对政治利益的取舍相关，操弄"省籍—族群"的口号对于他们而言是最为便捷的方式。由历史所沉淀的悲情不可避免地爆发出一些情绪冲动，这些政治人物和某些势力不仅没有引导这些反应回归理性，而是将此当作可以利用的政治工具，推波助澜，不仅不去弥和族群矛盾，反而去激发和制造更多的矛盾。这些政治人物和政治势力以这种方式捞取选票，选择了对自己最有利的捷径，捞取了政治利益，但却罔顾台湾人民的整体利益。社会内部的族群冲突给台湾人民各方面带来了无穷的伤害，也使台湾政治体系在解决社会内部各阶层的权力分配问题和涤荡政治体系内部的污垢方面，受到了极为严重的干扰。

① 陈孔立：《台湾政治的"省籍—族群—本土化"研究模式》，《台湾研究集刊》2002年第2期，第9页。

第四章　民进党选举文宣策略

选举期间是政治传播特别集中的时期。在选举中，候选人为了达到当选的目的，就要把自己的形象和政见传达给选民，以鼓动选民投票给自己，因此负有宣传鼓动功能的选举文宣就成为选举中一个非常关键的部分。选举文宣，一般情况下是指候选人和政党通过发布各类选举广告（一般是刊登在报纸等平面媒体、播出于电视电台等电子媒体、载于户外广告看牌及发布在网络媒体上）以及派发或售卖各种宣传品如宣传册、宣传单、旗帜、标志性物品，举办记者会、演讲会及大型的造势活动，甚至发动人际关系网络的传播等等，对选民进行宣传。在当今世界，可以说，没有选举文宣，也就等于抽走了选举活动的灵魂。

第一节　选举文宣的作用与台湾政治环境的变迁

在选举的政治市场上，候选人及其竞选团队首先就必须分析当时的政治市场形态即选民的结构、选民对议题偏好的分布等等，再根据自己的特质和对手的情况进行市场区分，即确定自己要争取的目标人群，据此确定选战的策略，制定符合需要的文宣，进行各种选举活动。这样的行为，与竞争中的厂商为自己的产品占领市场的行为很相似。在选举实务上，从来就有推销的意味在内。在当代，随着竞选手段的日益现代化，选战也越来越充满了商业营销的味道，候选人及其选举活动变得越来越商品化和市场化地让选民选择。制度经济学家更以“经济人假设”来看待政治组织及政治家的行为，他们把现代民主制度下的政治过程视为政治性的市场。安东尼·唐斯在《民主的经济学理论》中，认为“民主政治中的政党相似于追逐经济利益的企业家，为了达到目的，他们制定他们认为能够得到最多选票的政策，正如企业家为了同样的理由生产他们认为能够得到最多利润的产品一样”①。政党更多地成为了推出政治明星这一类政治商品以获得利益的公司，政治明星化的候选人及其竞选团队也日益按照政治市场的营销方法行事，以获取选民手中的选票，选民则具有了消费者的性质。对于候选人而言，赢得一场选举，就是正确的竞选战略、竞选营销和竞选策划三者完美结合的产物。这在美国表现得比较明显。现代传播技术的发展，使得美国的政治市场充满了各色各样的竞选专家。民调技术在20世纪40、50年代开始成熟，电视传媒在肯尼迪与尼克松的电视辩论中所起到的塑造候选人形象的巨大作用自20世纪60年代起就广为人知，到了20世纪80年代曾为演员的里根将竞选公关顾问大量引入，民调及研究、政策分析、形象包装、文宣策划等方面的精英，哪个党的候选人也少不了，所有这些已经成为美国政治生活的常态。1992年美国大选中民主党候选人克林顿深谙其中之道，其竞选团队里网罗了大量选举策划人、传播主任、民意测验专家、媒体顾问、演讲写作人、广告制作人、游说

① A. Downs, An Economic Theory of Democracy, New York: Harper & Brothers Publishers, 1957, pp295－296。

辩士、助选名嘴等，他的一曲萨克斯管为其获取了不少的选票，这除其本人具有的表演才华外，就包含着这些谋士的脑汁。

台湾在“解严”后全面进入选举社会，选举的各项营销手段也都出现了，在“立委”、县市长、“总统”选举中，政党、候选人及其团队里没有不包括民调的制作与解读、政策提案分析、形象包装、文宣策划等方面的专业人士，也不会丢掉这其中的任何一个环节。台湾的选举营销甚至更加娱乐化，从早期的野台戏到现在的造势晚会充斥着台湾选举的风景。

选举文宣，其存在的背景少不了要有相对自由的传播环境，在现代社会里这主要是看媒体是否具有自由，能否为各个不同党派的候选人比较公平地使用。

但在国民党的威权统治时期，媒体受到极其严厉的管制。当局尤为防范非国民党势力和反对者运用媒体资源，使用了舆论封杀和污蔑扭曲等种种手段对付他们。“二·二八事件”后，台湾省政府就设立了新闻处，监督、控制新闻传播媒介。1951 年起当局更以行政命令严格限制报纸的登记，1960 年到 1987 年的“报禁”时期，全台的报纸共有 31 种，但其中党政军就控制了 14 种。1962 年电视媒体在台湾出现之后，国民党只允许台视、中视和华视 3 家电视台存在，并分别由党、政、军等机构来控制。当局也不允许在媒体上发布竞选广告。在媒体被如此严厉的监控之下，选民得到的都是被遮蔽被扭曲的信息，尤其是关于党外人士的活动和抗议事件，只接触到负面的、选择性的偏颇报道。如 1977 年“中坜事件”发生后，各主要媒体报道都着重强调抗议者烧毁警局的暴行，致使当时不在现场的一般民众对该运动留下了暴力破坏秩序的不良印象。那时对于党外人士而言，相较于其他的媒体资源，杂志是其主要的交流渠道，杂志社甚至成为其组织与联结的工具，例如《美丽岛》杂志社在各地的分支机构就一度成为党外发动群众的中心场所。在威权统治后期，媒体受到国民党政权严格管制的情形开始有了稍微的松动后，情况有了一些变化，主流媒体的一些细节性报道甚至也能够使党外人士获得意想不到的后果，如“美丽岛事件”的当事人在接受军法审判的时候，由于电视出现了画面，党外人士大获同情，在随后的选举中不少受刑人家属和辩护律师高票当选。

在“戒严”时期，选举期间是所谓的“政治假期”，但选民和候选人的选举活动，诸如捐款给候选人、帮助候选人助选、举办或参加政见发表会、传播候选人之政见等等，在“戒严”体制下还是被严格控制的。例如官方在选区设置一个会场，让候选人轮流发表政见，是谓公办政见发表会；它举办完后便不允许自办政见发表会；不允许其他人代理候选人发表政见，候选人在政见发表会场不发表政见时，在同一时间里，不得个别作任何竞选活动；政见不得违背“动员戡乱国策”诋毁当局；候选人的竞选办事处数量有限制，助选员也有名额甚至身份限制如大学生不得担任助选员；省县市地方民意代表和“中央”民意代表候选人的竞选活动时间分别仅有 10 天、15 天；等等。这种种限制使得普通民众根本没有什么兴趣参与投票以外的选举活动，候选人的助选员和自办政见会的数量很少，平均都没有达到规定的限额，直到 80 年代初都是如此，[①] 但自 70 年代后期党外势力兴起，他们的政见发表会和竞选活动引起了相当多的民众的兴趣。民进党自党外时期起，由于缺乏资源，组织也没有如国民党那样严密，所以格外地重视文宣的作用，但它又不能利用大众媒体，所以在长期的选战实践中，发展出一套乡土性和草根味极浓的、非常有效的文宣方

① 郎裕宪，《选举论文集》，（台湾）商务印书馆发行，1990 年版，第 71－73 页。

式和技巧，以规避那些不合理的专制法规。在成立之后的两三年左右，他们是通过有组织有计划地举行演讲会、说明会、为政治受刑者举办的欢送会、街头造势活动等等进行动员，大量的传单、声势激昂的演讲和耸动的口号及现场型的接触是其特色。这样虽然每次传播范围不会太大，然而其感染力和煽动性极强。可以说，民进党在野时，在选举方面，其最能制胜的法宝就是文宣。

1988 年解除“报禁”后，民进党也开始介入媒体的运作，1989 年 6 月以“台独”理念为市场的《首都早报》创刊发行，其后像《台湾日报》和《自由时报》都是偏向于民进党的平面媒体，1992 年张俊宏成立了第一个属于民进党人的电台，1993 年许荣棋租借了张俊宏的频道作为选举之用，其后冒出了更多支持民进党的地下电台。20 世纪 90 年代初民进党介入了有线电视，“高雄民主之声有线电视台”等开始为其所掌握。然而直到 1989 年，在报纸和杂志上刊登竞选广告才合法化了，电台和电视要等到 1991 年。电台和有线电视频道的放开，使得台湾的媒体政治在 1994 年左右发生了很大变化，民众所能获知政治信息的渠道开始丰富起来。1994 年台湾省省长选举中，国民党与民进党都充分利用媒体来打选战。全省 30 余家民营电台中的大部分及百余家为民进党所控制的有线电视台“第四台”都站在民进党的一边。

第二节　选举文宣主轴的选择与确定

选举文宣，必须要有一个明确的主题，这就是选举文宣的主轴。在每一场选举中，各个候选人一般会根据选民结构、其目标选民、自己的特质、对手的情况做出综合的评估，去设定文宣的主轴，来彰显自己及打击对手。候选人在文宣主轴的选择与确定过程中所体现的政治敏感性是关键性的因素，也就是说，文宣主轴要体现出对社会脉动的把握，要打动足以使自己当选的、所能争取的那部分选民。此外，如何把文宣主轴化为若干具体的情理并胜的广告或传播行为，也十分重要。只有两方面比较完美的结合才能够打动选民的内心，激发他们的情感，促使让他们认同候选人并投票支持。一个党的候选人某一时期在各类选举中文宣主轴所体现出来共同的特征，与其党纲或所要开发的选民之特性有密切的关系，并随着其成长阶段的不同而会有所调整和变化。民进党及民进党候选人在迈向执政之路过程中的文宣主轴也有一个发展变化的历程。

在早期，由于媒体和选举宣传都受到严厉的监管，党外人士的选举文宣活动都很简单，多数凭借着个人的政治魅力或地方人脉的支持，获得胜选。20 世纪 70 年代，环境发生了巨变，基辛格和尼克松的访华、中华人民共和国恢复联合国大会之席位、中美建交、两次石油危机等使蒋氏政权陷入了前所未有的困境中，当局再也压制不住舆论对政治与社会的批判以及政治反对势力的兴起。“政治革新”、“国会全面改造”、“批判法统”、“民主自由”等议题及批判、改革的声浪传播于台湾社会的各个角落，1977 年 11 月地方选举中爆发的“中坜事件”是多年来台湾社会积怨的总爆发和上述呼声的巨大回响，而 1979 年美丽岛事件的发生使得全台民众对党外反对人士有相当的同情。其后几年，党外人士及其家属以及他们的辩护律师，都在相当程度上借助了这样的民心民气，有些候选人只要亮出其丈夫或妻子坐过或正在坐“政治牢”，就能当选。在有些地方，特别是在中南部，党外人士只要是打出激烈的反国民党的口号，就有票。“悲情和抗争”可以说是这一时期党外人士选举文宣的一大特色，并一直延续到民进党成立以后的 1990 年代初中期。勾引起本省籍民众的“省籍—族群”意识的文宣也日渐地成为民进党候选人诉求的重点，而这类文宣往往也与“台独”不无干系，到 1991 年民进党制定了“台独党纲”后，“台独”性质的文宣更是大量出现。

当然，上述对民进党文宣主轴的论述只是一般的概况和总的特征，在不同类型的选举中会有差别。一般而言，地方上的县市首长选举，因为要争取地方多数选民的认同，因此民进党的文宣相对更注重针对地方公共政策的文宣论述；而多席次选区的“中央民意代表”和地方民意代表的选举，因为只要获得一定数量的选票就可以当选，所以民进党候选人选择偏激文宣的机率比较大，因此诉求中“台独”和“省籍—族群”方面就相对地突出，而 1994 年的台湾省长选举及自 1996 年起的历次“总统”选举，民进党候选人虽然有争取过半多数选民的压力，但“台独”和“省籍—族群”方面的文宣在争取其铁票方面的作用还是使得他们在选战策略上难以舍弃，只不过由于形势和时机的不同，他们运用的方式和策略有所差别。

民进党在成立初期，对体制外抗争的路线比较热衷，街头运动和激烈的语言及肢体冲突乃至暴力活动为党内一些派系所喜欢，问政也多集中在意识形态议题上，极端“台独”势力发展得很快。1989 年“立委”、台北高雄市议员和县市长三项公职选举中，民进党获得了不小的战果，走体制内的“议会路线”因此受到重视。1991 年年底的二届“国代”选举，是国民党去台后的“中央民意代表机构”首次全面改选，也关系到未来“宪政”的走向，民进党对此很重视，提出了最少要获得 1/4 席次的最低竞选目标，并推出了一批知名度高、形象较好的候选人，其中也不乏明星级的人物。然而，很多民进党候选人在选举中，秉承此前民进党“五全”大会上通过的“台独党纲”，一再突出其“台独”主张，主打的文宣政见是“公民投票建立台湾共和国”、“制宪建国”、“总统直选”、“反对统一”等，但选票开出来，许多“台独”调子拉得很高的候选人纷纷落马，民进党并未达到其最低的竞选目标，只获得了325席中的66席。选后民进党进行了检讨，并通过党内辩论，确立了选举总路线，提出要把体制外的暴力斗争化为体制内的抗争和选举竞争，但对激进“台独”并未展开批判，中常会的决议仍然表示要继续推动“制宪建国”。在实际的选举中，民进党候选人加强了对公共政策和民生福利、财经、环保等议题的重视，对“台独”也不再持极端激烈的坚持，而是进行了策略性的包装，表述更为柔性。1992年二届“立委”选举中，民进党推出了一系列公共政策白皮书，对“台独”的文宣诉求也改为“一中一台”的提法，并提出了“三反”——“反军权”、“反特权”、“反金权”，“三要”——“要主权”、“要直选”、“要减税”等17项文宣诉求，这样民进党获得了161席中的51席，走出了“国代”选举失利的阴影。

这几次选举的成败经验，让务实的民进党候选人感到要改变选民心目中民进党“好斗”、“剽悍”、“草莽”、“暴力”、“不安定”的形象，并且注意不要让激进“台独”诉求成为其成长的瓶颈。在这种情况下，民进党的务实派开始了形象转型，在选举文宣中更多地表现出对民生的关怀，对“台独”的文宣诉求进行了更精细的论述、更精致的包装和更为弹性的处理。这在1994年台北市市长选举中陈水扁的文宣中体现得较为明显。

1994年，陈水扁与国民党的黄大洲、新党的赵少康一起竞争台北市市长的职位。当时台北市的选民结构中，新党和国民党的非主流派对占总数30%左右的外省人具有吸引力，占总数70%左右的本省人则分别倾向于支持国民党主流派和民进党，因此国民党、民进党、新党的基本票各有三成、三成和两成，剩下约有两成左右的中间选民态度游离。显然，在台北市市长选举是单一席位相对多数的选举制下，单凭民进党的基本票是不足以让陈水扁当选，他必须开拓新的票源。

而台北市的中间选民，以中产阶级为主，素质较高，关心自己的生活品质，对国民党长久把持市政积累了相当的不满，对市政和社会福利政策有所期待，对统独议题不会过度情绪化。因此，陈水扁及其幕僚制定了周密的竞选战略和文宣策略，在手法方面，扬弃了民进党人最常用最擅用的悲情。陈水扁及其幕僚推出了“台北新故乡”和“春天的花蕊”等色调比较欢快明亮的竞选歌曲，而不是以往民进党候选人惯用的悲情曲调；他们打出了“希望的城市，快乐的市民”作为选举文宣的主轴，并紧紧围绕着这一主轴，在相关的公共政策、形象塑造、攻击对手的策略、族群问题等方面，进行了相应的呼应。陈水扁阵营以“快乐的市民”为号召的公共政策文宣，非常具体地针对妇女、老人、年轻人、公务员和教师来设计，推出了“公车篇”、“托儿篇”、“住宅篇”、“道路篇”及老人年金福利政策等一系列的广告和政见，以吸引这些群体中对公共政策感兴趣的中间选民。在个人形象的塑造上，文宣也对陈水扁刚硬有余的特质进行了柔化，突出其“年轻、魄力、专业”的方面，强调其出身贫寒和奋斗的经历，而且通过其夫人吴淑珍遭受迫害的不幸遭遇来展示其“反暴力”的立场，为妇女描绘了可靠的好男人形象。

在族群问题上，一方面，陈水扁阵营打出了“扬弃历史悲情，迈向族群共荣”的口号，一再强调自己没有省籍情结，并针对外省籍的选民集中的地方如眷村，提出了加速对破败的眷村进行改建等市政政策；另一方面，在选战的冲刺阶段，陈水扁也没有放过族群动员的时机。他将新党的赵少康说成是省籍矛盾的制造者，先推脱自己的责任，却暗示性极强地向选民进行族群动员文宣，声称黄大洲已经出局，最后将是他与外省籍的赵少康对决，并放出“郝柏村反扑效应”、“郝柏村要加入新党”等消息，极力地催发出本省籍选民的危机意识，以激起原本支持黄大洲的部分国民党本省籍选民进行“弃黄保陈”的策略性投票。

针对中间选民对其在“台独”的疑虑，陈水扁阵营对“台独”进行了淡化和包装处理，强调“台独”在“住民自决”方面的意涵，以“台湾人民有权决定自己国家的前途与生活方式”等似是而非的论述来掩盖“台独”的实质，还表示“是否落实台独主张，将由住民自决”及“台独主张是理想，但理想与事实有差距”；对选举中因民进党主席施明德提出的“金马撤军论”所引起的风波，陈水扁也及时地做出了反应，进行了辩解与撇清。通过这些表述，陈水扁在不放弃“台独”立场的情况下，在一定程度上消除了对安定比较关注的选民的疑虑。

陈水扁这一系列的文宣活动，展示与以往民进党候选人完全不同的风格，的确在一定程度上改变了台北市选民对民进党的印象，也有助于其最终获得了胜利，当选为具有指标性意义的台北市市长，为民进党的执政之路铺下了比较重要的一块基石。

同一时间举行的台湾省长选举，是历史上第一次也是空前绝后的一次省长直选，被民进党定位为“四百年来第一战”，并推出了候选人陈定南去与国民党候选人宋楚瑜展开争斗。外省籍的宋楚瑜当时是李登辉刻意培养的亲信，获得了国民党行政系统的大力支持，他自己也勤跑基层，对乡镇长等地方桩脚释放了大量的资源去加以笼络，而陈定南形象比较清新，在宜兰县有着良好的政绩，并获得了很多支持民进党的地下电台和有线电视台（即第四台）的支援。但这次选举民进党主打“省籍—族群”牌，认为宋楚瑜在省籍方面是最可攻击的地方，支持其的地下电台和有线电视台特别是在中南部的，绝大多数都是诉诸于本省籍民众的“省籍—族群”的意识，“台湾人选台湾人”、“变天”、“番薯对芋仔”成为他们最经常诉求的口号。在这场省长选举战中，民进党虽然把“省籍—族群”牌打到了极致，但文宣不如陈水扁精致，而且没有“安定”方面的表述，最后输给了外省籍的宋楚瑜 150 万票。

1994 年两场比较大的选举，陈水扁和陈定南的文宣主轴和文宣风格是截然不同，结局一胜一败，因此在民进党内部的评估反思中，谁更值得仿效是一目了然的事。民进党的形象转变在 1995 年 7 月陈文茜担任文宣部主任后，风格开始急剧变化。陈文茜极善于采用文艺界的手法来宣传，这在当时的几党中比较标新立异，民进党政治人物明星化的包装显著地多起来了，宣传活动变得活泼醒目，也开创了很多新鲜热辣的招数，比如辣妹助选团等，选举和政治变得更加综艺化，让媒体和大众大开眼界，开始改变了台湾社会以往对民进党持有的“草莽、暴力”的印象。但是，“台独”基本教义派仍然在民进党内兴风作浪，使民进党六届二次大会通过了维持“台独党纲”的决议。

在 1996 年首次“总统”直接民选时，民进党推出的候选人彭明敏、谢长廷的文宣经费是他们竞选中开支中最大的一笔，约花费了新台币 7000 万左右。但彭明敏在民进党党内初选时，是依靠“台独”基本教义派的支持和派系操作，击败了走务实路线的许信良才出线的，所以在选举中，他们死守基本教义派的路线。彭谢阵营的竞选文宣主轴很晚都没能够确定，但其变来变去，都没有离开基本教义派的框框。初时彭明敏表示，选战的主轴将定位为“台湾和中共代理人的战争”，隔天又宣布为“终结外来政权”，后又提出“要独立，反统一，爱和平”的口号，最后才定为“和平尊严，台湾总统”。对于民进党中央提出的“大和解”，彭明敏的竞选团队还提出过强烈的抨击。彭谢阵营的文宣始终对强硬“台独”的立场不能忘怀，不仅不能为民进党开拓更为宽广的票源，而且对于李登辉连战阵营调动“李登辉情结”对民进党原有的支持者操作“弃彭保李”的谋略，也是毫无招架之力①，所以最后只获得了220万张选票，民进党遭到了惨败。

选后，民进党内彭明敏等激进“台独”势力日渐失势，最终分裂脱党或加入了“建国党”，民进党的务实性增强了。1997年第十三届县市长选举中，民进党视之为“执政”前哨战，认为此番的胜负不但影响着民进党转型成功与否，更涉及民进党入主“中央政权”的时机，因此没有理会“建国党”的挑战，并采取了和以往非常不同的选举方式。在许信良的主导下，以“政治明星”、“创意文宣”和“动员造势”等策略来打这场选举，大力改变以往激烈“台独”与暴力的形象，淡化意识形态、减少冲突抗争，陈水扁1994年“快乐、希望”的选战方式大量地被模仿。很多候选人不但不主动谈起“台独”，而且还避谈“台独”，以全力拓展中间选票。民进党大量提名政治明星参选，文宣方面也做足了功夫，除了在选举前出了一套选举文宣策略方面的“武林秘笈”外，还把1997年年初在桃园县长补选中已采取并收到不错效果的“酷哥辣妹助选团 ”作为这次选举文宣造势的主打卖点。选战口

① 沈国屏、庄胜鸿：《弃彭保李的魅影，让彭明敏绑手绑脚》，台湾《新新闻》472期，第45－47页。

号也不再是政治受难、迫害入狱、坐政治牢等，取而代之的是以柔性和轻松的口号，例如民进党台南市长候选人、前“台独联盟”主席张灿洪，被视为“台独”重要的指标性人物，其选举的诉求却是“A、B、C”（A Beautiful City 即“一个美丽的城市”）；台北县的苏贞昌以一只发亮的灯泡为标帜，在“照亮台北县”的诉求下，拿自己秃头的个人特征来幽选民一默；再例如彰化县翁金珠以“小蜜蜂”、新竹县林光华以“小叮当”为标志等等。这些都与过去以悲情和强烈的意识形态为选举诉求方式完全不同。更有民进党人表示“选举应该让选民不要有承受压力的感觉，尤其是沉重而悲情的诉求更不适合地方首长选举”。① 党内政治明星组成多个助选团巡回各地游街扫街拜票、演讲，并在选前两个月起每周公布一项政策，包括诸如清廉、妇幼、教育、小学学童免费营养早餐等政策。民进党看准了民众渴求清新之政，所以其候选人以民进党执政16年取得了良好政绩的“宜兰经验”作为文宣重点，大力攻击国民党的无能和腐败。这场选战大获全胜，得到23席县市长中的12席，使得民进党地方执政的县市人口达到71．59%，为民进党“中央”执政奠定了基础。

1998年底“立委”、台北、高雄市长及市议员的“三合一”选举，林义雄已接替了主张转型路线的许信良辞去的民进党党主席职务。民进党虽然仍然坚持转型路线，把这场“三合一”的选举主轴定位为“我们应该过得更好”，这一诉求基本上还属于转型路线所强调的“告别悲情、要有希望”的诉求类型。② 然而林义雄刻意和“建国党”及新成立的“新国家阵线”维持了高度和谐的

① 《民进党打造梦幻队伍》，台湾《中央日报》1997年10月27日，及《政党转型带来选举风貌的变化》，台湾《中国时报》1997年10月13日。

② 《转型能让民进党选票变多?》，台湾《中国时报》1998年9月28日。

关系，在公开场合不时表现对其的友好善意；在台北市高雄市市长的选举中，陈水扁聘请了在激进“台独”分子中有声望的台大教授李鸿禧为总干事，谢长廷聘请了具“建国党”背景的王文正为总干事，这都和上年县市长选举中，完全不理会“台独”基本教义派的策略截然不同。在“立委”、直辖市议员选举方面，很多民进党候选人由于受到“建国党”、“新国家阵线”候选人的强烈挑战，对陈水扁和谢长廷产生了不满，认为他们在大力地拉抬陈、谢两人的选情，而这两人却在拉抬“建国党”、“新国家阵线”的“立委”与直辖市议员候选人，使票源分散了，不利于他们的选情。这样，民进党选举策略出现了内部矛盾，选举结果，陈水扁输给了马英九，而谢长廷赢过了吴敦义，民进党内部评估认为遭到了不小的挫折。

2000年“总统”大选，陈水扁阵营评估选情后认为，陈水扁必须最大限度地争取到中间选民的认同。① 因此他们针对中间选民不满国民党的“黑金”政治、期待改革又注重安定的心理，将“年轻台湾，活力政府”作为文宣主轴，主打反黑金议题，强力诉求“政党轮替”，并打出新中间路线作为超越省籍、族群、政党、统独、国家认同矛盾的政治中间路线，以模糊化和投机的方式对“台独”、“统独议题”和“族群议题”进行了多种表述，并针对国民党最擅长打的安定牌方面，也提出了自己的安定文宣。他们推出了“安定赚大钱”、“平安的台湾，永远的家园”等电视广告文宣，广为散发“正港改革派——二千年总统大选答客问”的宣传册，在两岸政策上，也发表了“年轻台湾，正常新关系”、“跨世纪的两岸经贸关系”、“亚太和平新世纪，两岸欢喜看未来”，公布了“跨世纪中国政策白皮书”，一再表示“民进党执政后绝不会挑

① 台湾《中国时报》2000年3月19日，第11版。

起战争”，并保证“不推动统独公投”、“不推动两国论入宪”。通过种种的文宣，陈水扁阵营向选民传达这样的讯息，他当选只会使台湾更加繁荣，而不会给台湾带来战争，极力消除民众对他上台会带来不安定的疑虑。陈水扁还频频公布如“司法改革”、“宪政改革”、“客家政策”、“政府再造”、“妇女政策”、“教育政策”、“财经政策”、“文化政策”、“治安政策”、“农业政策”、“科技政策”等各种白皮书，还拿出“三三三安家方案”、“五五五安亲方案”等社会福利政策，以“改革”来吸引选民。陈水扁的这些文宣，消除了很多选民的疑虑，吸引了中间选民的目光，并借着国民党阵营和脱离国民党参选的宋楚瑜因“兴票案”互相撕咬，弄得两败俱伤之机，陈水扁阵营成功地将选战的主导议题转到自己设定的“反黑金”与“改革”上，对连宋施以猛烈的文宣攻势，抨击两人都是“黑金体制”的产物，是“黑金双胞胎”和“黑金联体婴”，讽刺宋楚瑜“A钱又假仙”，连战是“不知民间疾苦的阿舍”。陈水扁阵营文宣主轴的定位及其在选战过程中成功地把握住了主导议题，对其最后以微弱优势胜出起了重要作用。

第三节　文宣的手段与方式

按照台湾政治游戏的玩法，文宣打的是形象、愿景与口号，如何把选举文宣的理念策划为情理并胜的广告或传播行为，即对选民进行有效的政治传播，这就要看文宣的手段和方式如何。

前面已经说到，民进党候选人在党外时期及草创初期，发展出一套乡土性和草根味很浓的、比较有效的文宣方式和技巧。早期党外人士在反对国民党的统治中，杂志和地下书籍是比较成功的政治传播渠道，虽然遭到国民党严厉的查禁，但是党外在与国民党当局玩“猫鼠游戏”中，也有许多妙法，比如国民党查抄了这一家杂志，他们就换个名字再接再厉，而人其实还是这几个人，还有把政治反对书籍换上黄色书籍的封面或名字，摆在地摊或秘密渠道销售等等。因此，渐渐培养出一群热情的支持者，台湾社会中的反抗文化也渐露头角。那时候，国民党候选人背后有庞大严密的组织体系和丰沛的金钱及资源的支持，依靠的是组织与资源动员甚至政策买票，而民进党候选人这些一概是付之阙如，他们或是靠着在地方累积的人脉和声望，或是一小群支持者的热情，把文宣活动搞得比国民党有声有色得多，以舌尖和笔尖这两“尖”去对付国民党庞大的组织战和资源战。民进党候选人当时由于不能够上或是没有财力支持他们上正规的媒体，所以不得不灵活地运用各种方式来进行文宣，制作、散发大量的招贴传单是最常用的办法。在选举时刻，在民进党的文宣大将看来，“每一张传单都是一波战术出击”，这样的文宣要紧紧地抓住社会焦点，功能上包括挑斗、撩起、渲染、扩散，要把选民心中最深的情绪给勾引起来。① 他们也非常重视与选民进行现场实地的接触，各种类型的政见会、演讲会、说明会、街头造势活动、募款餐会、义卖会等等都是他们所热衷的方式。民进党候选人募款餐会，有时席开一两百桌，餐会中穿插着演讲、歌唱娱乐、义卖等等，场面通常比较热烈，以吸引支持者前来，催发候选人的人气。

1980年的选举中，周清玉、许荣淑等人以“美丽岛事件”受刑人家属的身份参选，在很多的政见会上，这些人特别是女性候选人如泣如诉的叙述感动很多了民众，甚至同声落泪，同情票使得这些候选人大多数以高票当选。那时“望君早归”等歌曲是催

① 吴祥辉：《文宣战：选举必胜绝技机密公开——谁能做好文宣，谁就笃定当选》，台湾《民进周刊》121期，第56－57页。

动选民同情票的催化剂。民进党候选人的宣传车较早配备高分贝的广播，经过社区时，整个社区的人都能听到，也常常会运用一些歌曲（多为闽南语）来渲染情绪。这些候选人演讲时慷慨激昂，极力抨击国民党的黑暗和种种发生在选民身边的弊情滥事，与群众互动的场面经常处于一种热烈的气氛之中，选民悲情愤懑的情绪往往得到最大程度的释放。

民进党候选人也比较善于利用特殊事件的轰动性、戏剧性或利用媒体对此类事件的渲染为选举加分。早期的著名例子，如1986年许信良预备从美国回台闯关，国泰航空公司迫于国民党的压力而没有让许信良登机，在机场他的支持者群情汹涌，发动抗议，引发了“机场事件”。第二天民进党候选人许国泰和蔡式渊率领支持者又到国泰航空公司大楼前抗议，这时有人以石块扔向大楼，企图引起暴力纠纷，群众把此人扭送警察局后发现他真实身份其实是调查局的调查员，真相大白后，国民党当局的信誉扫地，而许国泰和蔡式渊高票当选。

1989年卢修一和周慧瑛的“郭倍宏现身大会”也是轰动一时的事件。时任“台独联盟”美国本部主席的郭倍宏尚在台湾当局的“黑名单”上，但已秘密地回台，正在被情治机构缉捕，卢修一和周慧瑛却事前放出风声说，郭倍宏会出现在他们的政见会上，这一爆炸性消息传开，媒体纷纷报道，当晚进入政见会会场的人均配发了一只印有“黑名单”字样的纸面具，当郭倍宏出场短暂致辞和召开了即席记者会后，主持人即要求人人戴上面具，然后全场熄灯，郭倍宏则趁机遁去。这样的戏剧性事件媒体当然是不会放过的，第二天更是以头条报道来渲染，而卢修一和周慧瑛后来则分别成功地当选为“立委”和“省议员”[①]。

1995年高雄市民进党竞选连任“立委”的候选人朱星羽，也曾经制造过一出“坦克开进竞选场”的剧目。朱星羽将报废的坦克重新改装并彩绘为宣传车，用卡车载往高雄市的“中正文化中心”，朱星羽手持指挥刀，助手身着战斗服，坦克内的炮手发射了多颗用报纸和火药制成的炮弹，轰动一时。1997年，还是卢修一，在台北县长选举为民进党候选人苏贞昌最后一晚造势晚会站台时，以患末期癌症之身，突然下跪，拜托选民投票给苏贞昌。这一场景之镜头于选举当天在有线电视的新闻台反复播放，这一跪决定性地改变了选举结果，选前在多种民调中都处于领先位置的国民党候选人谢深山最后失败，不得不怏怏而归。这是民进党运作同情票最为惨烈也是收效最丰的一次。

1977年4月许信良的《风雨之声》，开创了在选举前发行选举书的先例。这些书的内容多数以个人从政的心路历程、问政理念和遭遇为主，每到选举时分，便冒了出来。候选人如果自己执笔不行，通常会请人捉刀代笔去出版此类书籍，而代笔的现象是越来越多。选举书的功能是，一方面可以筹集选举所需的金钱，另一方面，也推销自己或提高知名度，为选举制造声势与气氛。陈水扁在2000年“总统”大选前发表《台湾之子》就有这种功能，而在2001年年底“三合一”选举前，陈水扁发表了《世纪首航》，就不仅替民进党候选人在选举中营造了声势，而且实际上影响了这场选举的总诉求方向，把这场选举在一定程度上变成了“为陈水扁稳定执政”而战的选举。

选举小册子也是民进党候选人比较喜欢利用的一种选举媒介，

---

① 郑自隆：《竞选文宣策略——广告、传播与政治行销》，台湾远流，1992年，第163页。

1989年“立委”选举时，当时的民进党候选人林正杰（后退党）印行的《林正杰立法委员选举企划书》充分凸显了其个人的特质，取得了不错的效果。

在民进党成立之后的一段时期，“戒严”时期制定的选罢法还没有修订，对选举中候选人的宣传有许多规定，例如选举中不得刊登竞选广告（直到1989年才对这个禁令在平面媒体上解禁，1991年才开放广播电台与电视）。那一段时期，民进党候选人创办或利用支持者的地下电台、有线电视台等非主流媒体来宣传自己或反击官方媒体的扭曲或抹黑。在20世纪80年代中后期至90年代初中期，台湾的一些非主流媒体在传播政治反对文化方面，是比较活跃的。这其中一度比较突出的非官方的台湾社运纪录片值得一提，有名的“绿色小组”就在1986年和1988年分别制作了《桃园机场事件》、《五二〇事件》两个对民进党的选举比较有影响的纪录片。出现于1970年代中期的有线电视台在1989－1990年间开始介入到民进党的竞选中，其后一度成为民进党政治传播的主渠道之一。1990年亲民进党的“民主之声无线电视台”成立，蔡同荣所掌握的“民间全民电视公司”亦成为民进党重要的传媒。到90年代中后期，“民进党已经建立起一个包括有线、无线、卫星电视及广播电台在内的比较完整的媒体体系”。①

在3家官方的电视台还仅仅播映“中央选委会”安排的政党竞选宣传的时期，民进党候选人就开始利用录像机在民众中流行的趋势，制作自己的竞选录影带发送给选民或支持者，或在竞选办事处、竞选宣传车、政见会场等地播放。这种竞选录影带通常是个人写真式的，以展现其个人魅力及政治理念为主。到1994年

---

① 陈杨明、陈飞宝：《台湾新闻事业史》，中国财政经济出版社，2002年版，第232页。

台北市市长选举时，陈水扁阵营仍然使用这一渠道作为主要的文宣传播媒介之一。当时他们制作了一支录影带，其中有广告——陈水扁把乌鱼子看成木瓜干、把衣橱看成电冰箱——就极力塑造和表现陈水扁身家清白、憨厚可爱的形象。当时陈水扁竞选团队发送了上百万支的这样录影带给台北市的选民，造成了不错的传播效果，给很多选民留下了较深的印象。

1989 年禁登竞选广告的禁令在平面媒体上被解禁后，竞选广告第一次在报纸上合法地大量出现。那一时期，民进党候选人使用广告多过国民党，且比较多地刊登在《自立早报》、《首都早报》、《台湾时报》等非主流媒体上，攻击他人的负面广告也以民进党候选人居多。① 民进党候选人的广告文宣在吸引读者的眼球方面，略胜一筹。陈水扁的"陈水扁军法大审郝柏村"、"我要自己选总统"，谢长廷的"国民党下达封杀令"，周柏雅的"黄花岗烈士没有一个是国民党"，等等，均是以轰动性的、犀利的标题达到了吸引受众注意力的目的，而且攻击性相当强。民进党候选人利用广告挖对手墙角方面，亦有值得一提的作品。例如 1989 年民进党候选人尤清与国民党候选人李锡锟竞选台北县长，后者出身于台大和"中研院"，但是尤清却请出了数十位台大和"中研院"的教授学者签名刊登"我们喜欢尤清当选台北县长"的这样的推荐证言广告，并特别声明广告费用"全部由签署者自由乐捐"，这则广告对于李锡锟的杀伤力是可想而知的②。民进党候选人的广告运用感性技巧也比较突出，陈水扁的"何日再牵手"、"当选过关，落选死罪"、"不管多坎坷，这条路我们永远走下去"等广告，

① 彭芸编著：《政治广告与选举》，台湾正中书局，1992 年 11 月初版，第 176—177 页。

② 郑自隆：《竞选文宣策略——广告、传播与政治行销》，台湾远流，1992 年，第 46 页。

均有他扶持其夫人吴淑珍的照片，这些广告显然诉求于选民他们曾经遭受过政治迫害（吴淑珍的瘫痪坐轮椅就是因为 1985 年陈水扁在参选台南县长时被人撞倒碾过所致）。

1991—1993 年许信良担任民进党第五届党主席期间，民进党内对文宣进行了有意识、有系统的研究，并在实践中继续展现其机动灵活和与时俱进的一面。1992 年民进党引入广告公司和专业人士来为其候选人做文宣，开始了对新文宣技术的摸索时期，到了 1994 年和 1995 年民进党新的文宣技术和风格基本形成。陈水扁在台北市长选举中以“快乐、希望”为基调的文宣主轴的确定与操作过程，和陈文茜担任民进党中央的文宣部主任后所显示的风格，可以为之证明。

1994 年前后是台湾媒体发生重大变化的时刻，地下电台、有线电视台纷纷表现出对选举的极大兴趣，民众对媒体上的政治传播也极为热衷。一时间，纷纷扰扰，台湾政治文化、政治传播渠道和方式出现了前所未有的热闹景况，电视屏幕日益成为候选人角逐的主战场。始于电台的 CALL－IN 节目广为流行，各家电视台纷纷在黄金时段引进，民众和候选人因此可以进行双向交流。当时民进党和新党的候选人相对于国民党的候选人，比较偏爱这种方式，还会主动安排自己的候选人或党工上这种节目，因为这类节目不仅能够提高他们的媒体出镜率，而且往往能够很快地把辩才好、台风不错的新人捧红及扩展老将的票源。节目主持人在选举期间也常常是候选人所大力争取的助选员。民进党与许多本土色彩非常浓厚的地下电台、有线电视台的受众形成了比较密切的互动关系，在 1994 年的台湾省长选举中，民进党候选人陈定南获得了这些媒体的大力支援。它们都开辟了属于陈定南的时间段或节目，有两组摄影人员跟随在陈定南的身边，录制了大量的新闻片和节目带，以最快的速度拷贝并送抵地下电台和有线电视台播放，其演讲会场有时还与地下电台联线，作现场的实况转播。当年新党所掌握的地下电台也有一批忠实听众，于是在台北，计程车司机分成了两大派，即支持民进党的“全民计程车司机联谊会”和支持后者的“新思维计程车司机联谊会”。因为双方的观点不同，发生过多起冲突，甚至大规模的暴力冲撞，在选举时刻，这些计程车司机往往成为积极的政治评论家和自己所支持的那一方的热心助选员，遇到口味一致的乘客，自然皆大欢喜，遇到不对味的，对骂乃至对打的也有。

电视普及之广、民众在电视屏幕前消磨的时间之多使得其在政治传播中的影响是其他媒介很难企及的，1991 年台湾开放了电视政治广告。在台湾，很多政治人物对电视台的实况转播车（SNG 车）非常敏感，每当 SNG 车一出现，这些人会立刻调整好姿态，眨眼间就进入到政治秀亢奋的表演状态中去。这些精明的政治人物，对于“三十秒政治”的窍门，是再清楚不过了，知道用怎样的语言与动作，在最短的时间里成功地把自己推销出去。这些年来，一到选举时节的周末晚上，台湾民众都会看到各党造势活动的现场直播（为避开“中选会”制定的“在选举正式开始之后，大众传媒禁播选举广告和造势活动”的规定，这类活动往往改称“晚会”等等）。在这种场合下，几乎所有参选与助选者都知道如何进入到制造人气的气氛中去，不管讲了些什么，台上台下都是“好/不好”地热腾腾一片，还有大牌演艺明星或各种娱乐戏法把群众情绪整个带起来，为的就是使镜头上看起来热闹。这也是由民进党率先开创，而迅速地成为其他政党大力模仿的选举游戏之一。

把电脑网络运用在文宣上面，陈水扁是最早的那一批人之一。

他在 1994 年 10 月初成立了“陈水扁电子后援会”，开通了“陈水扁国际网路与市政资讯”的 BBS 站，征集台北市市民对市政方面的意见，从此开启了“信息时代的选战”①。民进党执政之后的这 3 年多，台湾的网民暴增三倍，达到了 900 多万，陈水扁花费了不少的心思去争取这些网民，民进党的文宣部门也采用许多柔性的方式吸引这些以中青年为主的“网络族”。他们不仅是运用电脑网络搞文宣，而且针对喜欢电脑网络的年轻人，以投其所好的方式如网络游戏等，开发青年人的政治市场。在 2001 年底的选战中，民进党中央还成立了“数位战情中心”，结合网络和手机短信传送选战资料。

运用标志物性质的商品为选举造势，陈水扁的“扁帽工厂”应该说收效不错。他在 1998 年台北市市长竞选中推出了吸引青年人的竞选总部“扁帽工厂”，并在 2000 年“总统”选举中将这套做法发扬光大，结果陈水扁阵营的“扁帽”和类似商品在选举中成了非常畅销的流行货，特别是在青年人中间。经过对青年人的动员，2000 年“总统”选举中陈水扁在他们中间获得了如偶像一样的热情支持，选举那天，有很多年轻人自发性地从外地搭车回选区投票给陈水扁，这样的场景在一些地方不断上演，让当地的国民党党工感受到了极大的刺激。

种种吸引媒体和选民的注意力的文宣战术在 1997 年民进党的一本“武林秘笈”中得到了充分的总结和推广。这一年可说是民进党文宣技术全面成熟的一年。这年的县市长选举，在许信良的主持下，以民进党转型为主导思想，大力改变了以往激烈“台独”与暴力的形象，而代之以“酷哥辣妹助选团”的劲歌热舞，柔性

① 庄胜鸿：《市长选战的烽火，烧进了电脑网路》，台湾《新新闻》397 期，第 30－31 页。

和轻松的文宣造势成为这次选战中民进党候选人的最爱。这本“武林秘笈”，以媒体传播理论和民进党人过去成功的范例，对候选人如何运用媒体打好选战、量身制定整体造型、规划文宣策略与选战文宣主轴进行了全方位的总结教导。对于如何运用媒体打好选战，该“武林秘笈”认为媒体要报道的是选战，不是选举，选举并不在于候选人能够找出问题的解决方案，而是看谁能够利用造势与做秀获取短期政治利益，因此候选人在造势和做秀方面必须下足功夫。在具体的如何运用媒体方面，该秘籍指出候选人如果制作电视广告片，应该运用对立型 、煽动性及含有丰富的象征意义的画面，这远远会比枯燥的政策议题和抽象的统计数字为好；候选人应该善于制造“攻击性用语”，例如将特定弊案及形容词与对手候选人连接在一起，并且要够轰动，这样媒体的新闻媒体报道就会亦步亦趋。书中还对候选人如何挑起“攻击性的选战”，如何应付平面媒体、电子媒体与电视辩论会，如何制造媒体有兴趣的新闻等方面，列出了正反面诉求的成败例子。这份“武林秘笈”可说是民进党对其文宣选战策略的总结与推广，很多方式和手段我们至今仍可以看到。

上面所提及的文宣方式和动员手段都还是较能端上台面，其实在台湾，选举已经演变成为一种“时间一到，大家齐来疯”的政治游戏。选举期间，许多形形色色的宣传和动员方式，让选民难以消受。候选人沿街拜票和游街造势活动，大小宣传车辆和游行队伍在选区内的各乡镇市穿梭游行，往往伴随着震天价响的鞭炮、歌唱、喧天锣鼓及不断呐喊的声浪，无时不在骚扰着民众耳鼓。举办大型晚会、大型演讲会，候选人都短不了高分贝“抹黑”性地互相攻击，展开种种骂战和口水战。至于种种为了吸引选民眼球的举动，例如裸奔、脱衣舞等，纵使被认为十分荒唐，但也一一上演过。至于一般的劲歌热舞、明星站台、新奇炫的化装造型或变妆秀等等，更是不在话下；乃至于神鬼齐出动，妈祖、佛爷、耶稣、各路仙鬼也要被候选人抬出来，为其选战而不辞劳苦，相互斗法，上演时空错乱之类的笑闹剧。台湾民间信仰众多，佛寺庙堂是选举时兵家必争之地，1996 年陈定南竞选台湾省省长时，就在短短的一天之内走访了十多座这样的地方。1997 年县市长选举中，彰化县的选战更是闹起了“鬼”，民进党候选人翁金珠阵营成立了“捉鬼大队”，除了要捉民进党人惯常所说的买票贿选的桩脚外，更是将矛头指向了“阴曹地府”，指责对手国民党籍候选人阮刚猛“养小鬼”，利用妖术，企图使她不能当选。翁金珠阵营还上演了一场“捉小鬼”的闹剧，穿着戏服绕着彰化市区满街跑。①

至于黑函与耳语，一到选举，那就更是铺天盖地地淹没了台湾民众的耳目，并在选前选后留下一大堆的后遗症，即互控毁谤官司，状纸满天飞。种种匿名性的黑函或明指或影射对手的丑闻、弊端、不法事件的内幕真相，或对对手进行人身攻击。这种手段的影响力，端看选民信与不信，有时候黑函在选战中对候选人的杀伤力也不容小觑，因此虽然很多候选人在公开场合都表示不齿、不屑，或者呼吁要摈弃这类卑鄙的手段以净化选举风气，显出一副道德君子模样，但底下玩过的人却不少，民进党的候选人也不例外。1998 年底高雄市长选举，民进党的谢长廷挑战国民党现任市长吴敦义，双方展开厮杀，吴敦义在国民党内形象算比较好，在高雄的政绩也还差强人意，竞选过程中对谢长廷一直都略占上风。民进党阵营先是抛出“吴敦义喝花酒”，由民进党中央妇女部主任陈曼丽、高雄市党部妇女发展委员会副会长谢淑贞、高雄市

① 《中台湾，麻辣文宣“鬼”点子多》，台湾《中国时报》1997 年 11 月 28 日。

议员候选人周秋敏等人出面，召开记者会，指控吴敦义曾经喝花酒，酒后对女侍上下其手。① 在选战的关键的时刻，又出了一个所谓的“绯闻电话录音带”事件。有人抛出一份电话录音带，声称是吴敦义和其婚外情人卿卿我我的电话录音记录，虽然吴敦义出面否认，指责对方伪造，但是一位具有专业形象的女鉴定专家出面，声称那份录音带是真的。吴敦义阵营为了消除由此带来的负面影响，后来请出“白晓燕撕票案”受害者母亲演艺明星白冰冰制作了反制的录影带，指责谢长廷与罪犯陈进兴有勾连，但录影带反制的效果并不好。结果，在这份绯闻录音带的帮助下，谢长廷赢得了胜利，而事后经过权威的进一步鉴定，认为这份录音带是经过编造的，但吴敦义只能徒呼冤枉而已。由于黑函容易被人察觉出痕迹，或被选民识破，弄不好人赃俱获，轻则反伤自己，影响选情，重则吃官司，搞不好甚至葬送了政治生命，所以不容易确切地查清来源的耳语，更为候选人所青睐。耳语一旦摸准了选民心理，在暗中广为散播，对手一是不易察觉，二是即使发现，一时间也比较难以找出消毒反击的法子，所以在一些关键时刻往往会产生重大的影响。1994 年台北市市长选举，在紧要关头，引爆的“弃黄保扁”耳语，就对选情发生了作用。

至于收买桩脚，大撒金钱买票的手法，哪怕查贿再严，依然是“野火烧不尽，春风吹又生”，甚至花样翻新，几成台湾选举的痼疾顽症，无法可治了。更为严重的是黑道介入，黑道大哥为候选人站台拉票，解决麻烦问题，在台湾也是屡见不鲜之事。甚至很多黑道大哥堂而皇之地亲自出马竞选，漂白进入“立法院”或入主地方县市市政也不在少数，所以一到选举，因此而引发的暴

① 《民进党：吴敦义曾上“常鹤”饮酒作乐》，台湾《中国时报》1998 年 10 月 8 日。

力事件总是此起彼伏，不绝于台湾民众之耳目。这些方式和手段，民进党和其他党派的候选人或多或少地都玩过，只不过国民党在买票、其地方派系与黑道勾连等方面沾染得比较深，更为人所知罢了。

第四节　选举文宣的策略与特色

民进党善于打选举文宣战，是岛内各党派所公认的。民进党的选举文宣从总体上看，具有攻击性强、善于抓住流行、强调所谓的本土性等特点。在民进党候选人的选战班底中，文宣部门的地位也相对比较高。在一些比较成功的选战中，民进党候选人的文宣往往与其选战整体的节奏、选举的策略结合得比较好；而一些民进党人在操作话题、选择出手时机、运作媒体吸引舆论注意力以及操作的细腻等方面也比较突出。

民进党在野时期选举主要靠文宣，因此文宣部门在选战中的角色很吃重，一般是由候选人最亲信也是最相知的幕僚来掌管，选举时举办的大多数活动和候选人的行程基本上由文宣部门直接来指挥安排的，这些活动和行程往往紧扣住文宣的主轴来运作。文宣部门及主管文宣的人员能否协调一致，也是选举中文宣能否出色发挥的一个比较重要环节。据说 2000 年“总统”大选时民进党的文宣系统是整合得最好的一次，民进党中央党部的文宣部门和陈水扁自己的文宣机构及幕僚，在民进党内素有军师之称的邱义仁的指挥协调下，各尽其才，攻防节奏把握得相当不错。2002 年民进党推出李应元和竞选连任的马英九争夺台北市长宝座，陈水扁派出其爱将罗文嘉去帮助李应元打选战，不料罗文嘉与李应元自己的文宣人马不睦，双方在文宣主导权上展开了斗争，罗文嘉开缺了几位李应元的人，但是最后自己也无法展开工作。[①]

在台湾，频频的选举还刺激产生了不少的政治公关公司，这些公关公司有的不仅负责打点客户的选举公关行销事宜，而且选后还可给这些政客做问政施政的规划，因此有越来越多的候选人找这些专业的政治公关公司来操作选举。民进党前文宣部副主任林凤飞等人就创立了一家名为新高山行销顾问公司的政治公关公司，它所辅选的对象自然也以民进党候选人居多，所接的比较有名的案例有1998年“立委”选举时操作台北市南区沈富雄、叶菊兰、黄天福等人的“四季红”的竞选文宣，也曾经积极地介入过2000年“总统”大选时候陈水扁的辅选事宜。与民进党渊源颇深的吴祥辉创办了国际公关顾问公司，其主要客户也是泛绿方面的候选人。[②]

民进党候选人的文宣的攻击性很强。民进党自党外时期起，即使在国民党各种手段的打压下，仍一直以比较激烈的姿态反抗国民党的统治。在民进党成长期间，也不停地发动各种激烈的抗争行动，并动辄发动群众街头运动，文宣充满了火药味道，冲突性高的议题和偏激的论述在早期是显著的。一方面，这是民进党本身的信念使然，另一方面，从世界各地政党的成长的普遍现象看，成立历史短的政党为了挑战现存的强大权威，扩大其知名度和影响力，创造自己的政党品牌，往往采取攻击性、挑斗性的文宣来培养其基本的支持群体；再者，国民党的烂账数不胜数，为民进党候选人提供了许多的好素材。在草根性很强的成长过程中，民进党人往往被锻炼得口齿伶俐，反应敏捷，攻击性论述的语言

① 杨少骐：《民进党斗文宣，外斗内斗一样厉害》，台湾《新新闻》852期，第31页。

② 陈静云、何博文、陈弘修：《选举公关公司练就一身雪地求生术》，台湾《新新闻》761期，第50—58页。

火候与功力比起一般的国民党候选人要强很多，而早期的民进党候选人还爱使用强势的肢体语言及肢体冲突。但到了一定的阶段，尤其是民进党开始形象变化和政党转型后，民进党文宣在攻击的同时，还不忘高扬理想与愿景，向选民许下很多美好的承诺。到了陈水扁上台民进党文宣的攻击性后，仍然火力比较强劲。民进党在 2001 年底“三合一”选举中，对在野的国民党、亲民党进行猛烈轰击的“在怎么野蛮”文宣的攻击性对其“立委”选举的成功有一定的效果。民进党摸准了民众在纷扰的政局中仍然愿意给陈水扁机会的心理，因此通过这样的攻击性很强的文宣力图把自己执政效能不彰的责任推给在野党，民进党“立委”的席位在陈水扁政绩糟糕的情况下不降反升就有这方面的因素。但是，民进党执政之后的文宣，虽然攻击性方面不见减弱，可过去所具有的理想性与愿景许诺在政绩糟糕的现实面前，难以为继，也找不出一个合理的执政论述，只是靠一味地攻击在野党来维持，因此这种路数，能持续多久是值得怀疑的。

民进党的选举文宣，都比较强调所谓的本土性。民进党候选人在很多场合都会使用闽南话及闽南文化作为选举宣传的媒介，虽然他们也使用“国语”，但相对较少，而且一段时间以来，民进党一些基本教义派，经常攻击国民党、新党的候选人使用“国语”。民进党这样做，一是因为其支持者群体多数为本省籍，使用闽南话及闽南文化作为文宣载体，草根性十足，易与支持者沟通交流；二是因为国民党过去的高压，对闽南话、客家话等有所压制，民进党候选人在这方面刻意要凸显国民党威权统治的不合理，要引发对国民党统治不满的各种民怨，而早期悲情性的文宣是能够比较有效地勾引起本省籍民众内心所积压的不满与愤懑之情绪，因此也一再地为民进党候选人所使用；三是对于一些基本教义派而言，他们要打倒国民党，打倒他们口中所谓的“外来政权”，要“去中国化”，就必须将闽南话他们所谓“台语”抬高成台湾至高无上的语言以资对抗。

民进党的机制比较扁平化，没有国民党那么多的层级和官僚习气，且历史短，包袱没有那么多，再加上民进党的候选人往往是从基层做起，反应比较机敏灵活，民进党党内的文宣人才也比较年轻，所以他们比较能够抓住台湾社会的流行，进行比较活泼、比较有创意的文宣，也能够快速地运用新技术。1985 年台北市议员选举，民进党候选人林正杰推出了一张“台北并发症”的漫画传单，开创了岛内使用漫画式广告的先河。民进党后来也陆续推出了诸如三 D 动画卡通、辣妹助选团、电玩小子等形式的文宣。这些点子新奇有趣，在吸引民众的眼球方面，下的功夫比较足，有助于改变民进党过去偏重于“悲情”、“爱拼杀”的形象，营造出民进党贴近市民生活的活力形象，而且特别容易吸引年轻人。

在一些比较成功的选战中，民进党候选人在文宣内容上除了犀利、攻击性强等特点外，在选择出手的时机、如何操作话题使其对自己有利等方面也有值得一提之处，这对于配合选战的策略、选举的节奏等方面会有很大的作用。例如在 1994 年台北市市长选举中，陈水扁阵营文宣主轴的选定及针对赵少康、黄大洲两人的文宣攻势之操作运用就显示了这一点。陈水扁阵营为了要争取中间选民的支持，把文宣主轴定位为“希望的城市，快乐的市民”，在各种文宣里，不仅大力攻击现任市长黄大洲的市政政绩，而且提出了一系列对公共政策的允诺与愿景，并对“台独”进行了淡化和包装处理来消除中间选民的疑虑；而在选战的不同阶段，陈水扁阵营的文宣也比较好地把握到了选战的节奏，在不同时期使用了不同的策略和手法来宣扬自己、攻击黄大洲与赵少康。陈水扁的文宣幕僚认为，太早发动攻势会后续无力，“我们自己掌握自己攻击的节奏，我们攻的时候要让对方反应不过来”[①]，陈水扁阵营确实如其所言的那样，在中前期主要针对黄大洲、后期主要针对赵少康发起了猛烈的文宣攻势。那年台北市市长选举举办了台湾选举史上的第一次电视辩论会，陈水扁与赵少康、黄大洲 3 人同台，陈水扁就把黄大洲作为攻击的对象，穷追不放，对赵少康的激烈姿态，却是避其锋芒，冷落在一边。[②] 这个策略是因为在举办辩论会的时期，尚处于选举的中前期，陈水扁锁定了打击政绩不彰的现任市长黄大洲，这样不仅可以击溃国民党阵营的士气，并可以避免大幅度地拉抬赵少康的声势；等到冲刺阶段，陈水扁阵营不仅将炮火转向赵少康，而且极力营造黄大洲已经出局，陈水扁将与赵少康对决的气氛，还进行了一系列极富暗示性煽动“省籍—族群”情结的文宣操作。这其中对李登辉与其之间的李扁关系之操作手法值得一提，在台视播出选战最后李登辉将“弃黄保陈”的新闻后，陈水扁阵营一方面说这个传闻真假参半，另一方面又说这个消息来自于情报系统，暗示这是郝柏村以此来攻击李登辉的阴谋。通过这样细腻的、多面向操作的手法，陈水扁达到了分化敌营的目的，也达到了让部分国民党支持者作出“弃黄保陈”举动的选举策略，这种操作李扁关系的模式或者说分化对手的策略也成了陈水扁及其团队日后一再玩弄的把戏。这前后一系列的文宣运作，陈水扁阵营可谓目标明确、针对性强，因此比较好地掌握了选战中文宣的主导权。

陈水扁阵营在 2000 年“总统”大选中的文宣操作的谋略，对

① 庄胜鸿：《陈水扁的竞选机器不输给专业攻关公司》，台湾《新新闻》399 期，第 64—65 页。

② 陈东豪、陈建勋、庄胜鸿：《在电视机前，你看不到这些精彩的沙盘推演》，台湾《新新闻》396 期，第 50－55 页。

其在最后以微弱优势出线的帮助很大。在关键的“兴票案”的文宣处理的时机上，陈水扁阵营的文宣没有按照国民党选举操盘人员所设想的那样先跳出来，去全力攻击宋楚瑜，而是等国民党和宋楚瑜两败俱伤之后，再进场左右开弓地发动猛烈的文宣攻势，最大程度地“接收红利”。“弃连保扁”的操作手法我们可以发现与 1994 年有相似之处，对李扁关系之操作更是有过之而无不及，甚至到了不择手段的地步。陈水扁阵营一面附和李登辉“两国论”的观点，一面频频声称李登辉吸收了民进党的主张，陈水扁才是其路线的继承者；李登辉自喻为摩西，陈水扁就说自己是约书亚。而为了避免其主打的“反黑金”的文宣主轴打击到李登辉，从而使自己的这套戏法破功，陈水扁一面声称李登辉在“反黑金”方面是有心无力，李登辉所推动的民主改革只能由陈水扁来继续，另一方面又在选民面前不断放出李登辉与连战之间的关系有问题的言论，把连战欲摆脱“黑金”的“党产信托主张”之文宣诉求，指责为这是连战把“黑金”的责任全部推给了李登辉，连战不认同李登辉的路线，要在选前逼宫。李登辉在选举前一天为连战站台时，激烈抨击陈水扁，说扁以前形容他是“老番颠”（有点糊涂的老头），是失踪老人，而到了选举时又说是他的干儿子，要继续他的路线，这完全是骗选票的做法。但尽管李登辉进行了这样的反击，然而，李扁之间暧昧关系却一直也没有得到澄清。

民进党上台之后，掌握了执政资源，但其政绩不彰，素来为在野党所诟病，社会大众对此也有很多的不满，民进党在文宣方面，在与在野党进行口水战方面，仍然是不减当年。舆论和民众一般皆认为民进党擅长选举，擅长文宣，执政仍然是在野的状态，还有观点认为陈水扁上台这几年其实一直就在搞选举。

第五章　民调的运用与配票策略

民调，即民意调查，它一般采用抽样方法以比较系统和标准化的程序向公众采集相关数据来呈现民众意见。世界公认的现代民意调查始于 1933 年美国人乔治·盖洛普（GEORGE GULLOP）所成立的美国民意研究所，它在 1935 年发布了第一个盖洛普民意调查报告。民调很快就进入了政治领域，尤其是在选举方面，选举民调早已成为各国各地区政治生活中不可缺少的部分。台湾的民意调查范围非常广，政治性意味比较强的议题集中在两岸关系、统独与国家认同问题、“政府”施政满意度、领导人或行政首长施政满意度或声望调查、选举民调、一些重大社会分歧事件或问题。选举民调一般可分为赛马式报道、公共政策政见、意识形态议题、候选人或政治人物、选举法案或风气等等。20 世纪 90 年代在频繁的选举刺激下，媒体、选举公关公司及财团法人基金会等民间机构相继投入，选举民调在台湾日益成为一项产业，一到选举，民调满天飞。选举民调之所以在台湾选举中越来越频繁，这与台湾社会环境和政治环境的变迁有关。

第一节　民调与选举

台湾地区最早的民调出现在20世纪50年代中期，是在1952年由《台湾新生报》发动的。《联合报》在1954年开始涉及民调，并于1983年成立“海内外新闻供应中心”，每遇到重大新闻事件便进行民调，随后它在1988年成立了“联合报系民意调查中心”，同年也自行开发了第一套中文电脑辅助电话调查系统，这成为台湾民调界大多数机构所广泛使用的工具。非媒体的机构则有1958年成立的“中华民国民意测验协会”，还有1987年成立的“民意测验基金会”、1990年美国盖洛普市场调查公司台北分支机构等等。20世纪80、90年代台湾官方组织了较多的民调，各个政党、各大院校和学术机构也成立了大量的民调研究机构。在90年代中期，台湾的电视媒体也纷纷涉足民调领域，各大电视台均习惯于在新闻或重大事件发生时，自行或委托专业机构进行民调，甚至在CALL-IN节目里进行即时的民意统计。网络在台湾的快速发展，也使民调有了新的施展天地，网络民调成为发展前景看好的民调种类。

台湾地区的选举民调最早出现在20世纪60年代，1964年政治大学邹文海教授在做“台湾省地方选举研究时”，在政大、台大、淡大等大学以非随机抽样的方法对在校大学生进行了有关的选举问卷调查，1969年东海大学的研究也对台北市的几个区的选民以简单随机抽样法进行了调研。那时选举民调多数是学者为了研究而进行的，学术性意味较浓，次数也很有限。随着台湾政治的变迁，威权统治的松动，1985年的选举刺激了媒体纷纷跟进选举民调，随后各种机构大量频繁地进行并发布选举民调，选举民调于是快速地成为台湾选举时无所不在的风景，其作为选举的工具性意味也越来越强。台湾进行的选举民意调查机构虽然众多，但被政治势力介入的有不少，其公信力也值得质疑。

自从民调开始流行起来，台湾市面上对民调的运用就有某些走火入魔的现象，习惯于在某个突发事件媒体大肆渲染之后就马上做民调。例如当演艺明星白冰冰的女儿白晓燕被匪徒绑票并残忍地撕票被媒体报道之后，当全岛的媒体几乎疯狂地在追踪罪犯陈进兴的行踪时，民调就去问民众，儿童生长环境安全是否安全，其实答案根本不用问，肯定是一边倒的。所以，民意调查问题的选取、用字及提问的时机，会在相当的程度上影响民调的结果，因此选举民调中设计题目时必须字斟句酌。但可惜的是，台湾一般的选举民调通常都不会在可信度与效用度方面去做深入研究。至于台湾电视媒体 CALL－IN 节目经常进行所谓的电视民调，则对于调查对象的抽样代表性可靠与否毫不关心，却大模大样地宣称其掌握了最新民意。这些电视民调大都是在专题式的分析报道中或政治辩论中进行，民众可以根据专家学者或政治人物的观点来表达自己的意见立场，但其实一般民众很少会想打电话到电视台表达意见，所以这样的电视民调的结果，常常是被少数热心政治者或政党忠贞的支持者所支配。台湾不少的政治人物对这种多少有制造民意嫌疑的方法乐此不疲，甚至政党还专门组成“CALL－IN 部队”去参与制造此类民意 。

早期举办政见会、街头演讲或造势活动可以吸引人潮，动辄数万人聚集也不鲜见，但后来那样的选举气氛已不复见；再者台湾社会发展迅速，选民家中普及了电视、录影播放机、电脑等电子媒体，“选民留在家中”此外民意如流水般变化的趋势是越来越快，这些都使政治传播和选情比较不容易从社会的外表现象看出来，而民调就可以深入下去，以具体的数据来说话。严谨的选举民调能够比较及时地反映民意动态，对候选人有参考价值和指向性的功能，有道是“民意如流水，民调如探针”。由于社会越来越重视民调的影响，选举也日益朝着行销广告为主的现代选举作风发展，所以在台湾各类选举中，政党或候选人要掌握选情的走向和基层的声音，通常都是透过民调去取得第一手资料。越来越多的候选人在选举期间临时性地成立自己的民调机构，或者委托职业性的民调机构进行选举民调，以指导自己的选战，流行所及，连最喜欢以“野台戏、流水席”等模式进行竞选活动的传统地方派系人物也不得不跟进，学习着如何进行数据与统计的选战。

对于候选人而言，身处选举中，民调是不能不看的，因此有时不免会走入另一个极端，就是一切唯民调是从，被民调牵着走，为了拉高民调，他们什么都愿意做了，结果在一定程度上变成民调控制了选举。民调对于台湾各个政党的选举的重要性日益显著。民进党、国民党相继成立了专门民调单位，在选举时节进行民调，并依据对民调结果的分析、判断来拟订公职候选人的提名及选举战略。一般情况下，政党或候选人对外发布民调，为了显示其公正性，多数是委托学术机构、公关公司及设立某研究单位等方式来进行的，但亦有不避嫌疑，自做民调自发布。台湾各类领导人选举时，尤其是“总统”选举时，各种民调机构高度关切，几乎都会参与，而在民意代表选举时，民调机构的参与则视情况而定，通常没有前者那么热络。

在选举民调所设定的内容与议题上，“总统”选举会涉及到台湾政治、社会、经济生活的诸多方面，一般情况下统独问题、省籍族群问题、两岸关系问题、政党认同、其他公共政策方面的政见、候选人个人形象、操守和能力、重大事件的影响等等都是调查设计中所涵盖的议题；而地方县市长的选举，台北市高雄市由于地位比较特殊，所以民调问卷与“总统”选举类似点比较多一点，至于其他地区，则一般侧重于地方公共政策、政党认同、选民结构、候选人的形象、操守和行政能力等方面；而民意代表选举民调所涉及的议题，一般则集中在候选人的形象和问政能力、政党认同、相关政见等等。不管选举类型如何，台湾选举民调的突出特点就是，非常关注候选人的支持度和看好度，尤其是在领导人选举中，这几乎是每一份民调必做的功课。

过去各党在党内遇到选举纷争时，通常都是由党内高层或派系经过协商这种不公开的密室政治来解决，但这种密室政治因为不透明，往往使党内争执的各方都有难以平服之处，也常常闹出很多负面新闻。自民进党采用了把民调支持度作为决定党内初选提名的因素之一的方式以来，民调逐渐地成为各个政党在解决提名人选纷争问题上的一个办法。2001 年泛蓝三党——国民党、亲民党和新党在台北县县长提名人选上达成协议，同意用民调来决定共同推出人选的方案。

由于时局、形势、境况的不同，政党和候选人对于怎么做民调、内外民调的运用、公布民调的时机和怎样解读都有一本账，民调公布与否、如何公布都充满了“谋略”性。在民调混战中，选前 10 天或一周内的民调最为政党和候选人所重视。因为在选战进入到最后阶段时，政党和候选人的冲刺仅剩最后一搏，候选人做“补强”的功夫如何，犹如围棋的收官功力，直接就要见分晓。民调变化较快的时期通常也就是在这些天之中，因此，这一波民调所把握到最新的资讯信息，对候选人后续选战策略有非常大的助益。有鉴于民调公布方面所引起的纷争和混乱，所以台湾“选罢法”规定投票日前 10 天就不准公布民调，但政党和候选人还是会在选前一周或10天内再做一波民调，有的甚至不惜违法公布民调数据。民调与选举结果经常不相契合，除了因技术层面等的因素形成的——如受访民众中“不表态者”大幅增加，回答问题中“不知道者”增多，导致变数太大，民调的准确性相对降低；或候选人之间差距很小，在抽样误差值范围以内等等——之外，大都是因为民调与候选人、选民之间互动影响所致。

在波谲云诡的选举中，候选人要达到制造声势、影响对手、转移选举焦点等目的，民调确实是最佳的途径之一。台湾的媒体也特别喜欢连续性地发布由高到低式排名的赛马式的民调，而所谓的告急、西瓜偎大边、弃保效应等都会造成民调落后的候选人后来居上或民调居前的候选人落选的情形，因此民意调查结果对选情走向还是有相当的影响。一般而言，排名在前者不愿过早张扬，担心会被对手以此做为分票的借口，反而希望拿出差一点民调名次，以此向选民喊“告急”来巩固自己的票源；排名落后者，或是不希望太早公布而被选民所放弃，或是不想让民调成为包袱，将自己的成绩往下拉；乐于公布民调者，多是排名在上榜边缘者，他们希望通过民调造势，为选情升温，更希望以此来大喊“告急”，使选民出于同情或着急而把选票转投于他。然而，民调的操作充满了不确定因素，各个候选人在混战中难以准确把握选民的反应，再加上选战期间各种风声传言耳语蜚短流长，甚至一句话、一个动作在选民的解读中都会对选情造成影响，因此，虽然一到选举，民调铺天盖地，但民调公布或操作的好坏却无人敢预言，其敏感性可见一斑。

台湾的政治生态中，选举民调不仅质量参差不齐，而且往往掺杂着许多相当低劣的解读分析，从而在很大程度上失去了原本的意义，过度地被政治工具化了。各政党或候选人几乎都不能逃避兵不厌诈或是拉抬声势的诱惑，使得选举民调夸大自己及弱化矮化对手的情形屡见不鲜。民调往往成为了选举中的“心（理）战”工具。造成选举中各种民调的质量参差不齐之原因，有的是因为技术问题造成的，这无可厚非，而有的却是刻意制作的假民调，企图干扰对手的选举。台湾很多民调就是根据需要而量身定做的，这就不能不说是台湾选举民调业尚不成熟的表现。在比较重大的选举中，各党或其候选人通常都会有内外两本民调账本，对外发布的民调之功能或是为选情加温、或是巩固自己的票源、或是为自己造势、或是打击对手、或是引发弃保效应等等，只有内部民调才是指导自己选战的地图。因此在选举时分，选民对着大量良莠不齐的民调，早已是眼花缭乱，根本弄不清楚什么真民意，什么是假民意。积弊之下，民众对所发布选举民调产生了严重的不信任感，在 2001 年选举期间，台湾师范大学传播研究所进行的“民众对选举新闻报道意见调查”显示，有 64% 的民众对选举民调并不相信①。

然而在台湾，选举民调热度之高，还是超出人们的想象，它不光只在选举时期才有，甚至提前两年就对两年后的选举做出调查并公布。这样的情况出现在 1998 年。在 1998 年台北市市长选举落幕后，岛内立刻就出现了针对 2000 年“总统”大选的民调，这是 12 月初由台湾空中大学和盖洛普公司所发布的。它显示如果 2000 年“总统”大选，民进党推出陈水扁，而国民党的“总统”参选人在不出党主席李登辉、副“总统”连战以及宋楚瑜这 3 人的情况下，只有宋楚瑜代表国民党参选与陈水扁对决，才能以

① 《选举民调，64% 不相信》，台湾《中国时报》2001 年 11 月 21 日。

55.4%的支持率，打败后者23.7%的支持率。[①] 1999 年 1 月台湾《天下》杂志也发布了一份“国情调查”，该民调显示国民党内只有宋楚瑜在“总统”选举中才能够战胜民进党，宋楚瑜在被调查者中获得了近 48%的支持度，其后依次是陈水扁、“副总统”连战、“行政院院长”萧万长、许信良等[②]。这几份民调当时都引发了舆论广泛的关注，政党内部和政党之间都有不少的纷扰与口水战，这些对日后两党决定候选人选恐怕都有一些微妙的影响。

第二节 民进党对民调的运用

民进党将选举和选举民调定位为“科学化选战”、“选举工程学”，在一切为胜选的考虑下，对民调非常重视。早在比较多的民进党人还在热衷于上街头，发动群众运动，热衷于群众运动大场面的时期，一些敏感的民进党人就意识到，无论民进党候选人所发动的群众集会的场面如何阵仗可观，支持者如何热情踊跃，但“放到选举的规模下衡量”，却不一定能够保证当选，不可对此过于乐观。他们认为如果只根据群众反应来做政治判断来制定选举策略，难免会出现很大的失误，而只有民调“运用非常科学的、不受激情左右的方式，真正能够探知藏在底下的民众意见，民调能够告诉群众人头数所无法告知的重要讯息”。[③]

随着民进党对选举执政路线的确立，有关选举方面的技术和

---

① 《盖洛普民调：后年总统大选，唯宋楚瑜能赢陈水扁》，台湾《工商时报》1998 年 12 月 13 日。

② 《谁是新世纪总统最佳人选》，台湾《天下》，1999 年 1 月，第 63 页。

③ 李朝阳：《既是选战依据，也是加油打气的拉拉队》，台湾《新新闻》856 期，第 24—25 页。

技巧日益受到重视，这逐渐使民调在民进党党内决定候选人提名问题上及制定其他有关选举方面的战略策略时具有了很高的权威，无论是谁，哪怕再不情愿，“再有群众魅力，再有煽动性的演说家碰到民调数字也只好乖乖低头接受，民调当然是最重要的指标”。① 在这种认识下，民进党在1993年将民调引进到党内公职人员选举提名中，其比例为30%，1996年将参选者民调的支持率确定为候选人在提名时胜出的因素之一，1997年党员评鉴和参选者民调支持度是各占50%，在提名的第二阶段对有意参选者进行民调，综合党员评鉴和民调的结果最后决定候选人名单，而2001年更是将民调的比重调整上升到70%。这一方式原意是为了减少派系纷争的杀伤力，使提名制度民主化和公开化。但是，在台湾的政治生态环境中，参选者为了提高知名度从而得到民调的高支持度，往往过于热衷于在媒体上做秀，而派系为了使自己的参选者多出头，多采取配票等手段，这都使得民调在决定候选人提名时有不足之处。甚至民调方法本身还有一些不足之处，在操作方面存在着可取巧之处，这不可避免地会产生一些争议。例如在2001年底县市长选举提名时，民进党所使用民调方法就有一些不妥当的地方，主要问题是，其一民进党的民调方法只分高下，而忽视了民调方法必然存在的抽样范围误差的问题，这不可避免会损伤其公正性；其二民进党的民调办法是将不同的政党候选人向选民分开地询问支持度，然后只计算民进党自己的候选人的支持度，这与真实的选举投票情况是不相符合的②。那时民进党在嘉义县让何嘉荣和退出国民党后向陈水扁靠拢的陈明文以民调决定

① 李朝阳：《既是选战依据，也是加油打气的拉拉队》，台湾《新新闻》856期，第25页。

② 洪耀福：《民调成了新权威》，台湾《新新闻》754期，第70页。

高下，何嘉荣尽管不愿意，但在民进党“府院党”高层的压力之下，同意了这种方式；在先前的几个民调中，何嘉荣都居于领先位置，但在民进党抽选了3家民调公司进行民调后，陈明文的民调支持度在短时间里大幅度上升，这样的大逆转让很多人大吃一惊，据说是因为陈明文获宠于陈水扁，本身又有地方派系的后援所致[①]。

民进党的民调系统，是通过有计划有系统地逐步建立起来的，到许信良担任第五届党主席时，民进党已经把民调视为选举中不可或缺的战情资料，民进党中央党部成立了“民意调查组”，由许荣淑、陈忠信等人主持，这个机构在1993年改称为“选举对策委员会”，再改称“民调中心”，其系统的民调资料的建立、分析及操盘技术在那时已经打下了基础。民进党通过多年选举民调资料，把全台政治生态的基本图像大致地建构起来，诸如不同的族群、不同地区选民的政党倾向、投票行为的特点、地方派系的基本地盘分布等等，都有收集整理，并且随着电脑科技的发展，这个民调资料库更加系统、更加具体。[②] 据说民进党在2000年时就储存有540万份详细的资料，在台湾各个政党中是最为完整和最为详尽的。[③] 民进党对民调技术跟进很快，在2000年时就运用了一套名为Arcview的电脑软件，作为选举策略分析时的武器。[④]

民进党的内部民调一般比较严谨，对民调的精确度很重视，取样比较充分反映母体的实况。早期一般以电话访问方式做民调

---

① 张琬琳：《何嘉荣私下感叹：“我被府院党强暴了”》，台湾《新新闻》759期，第44—46页；及洪耀福：《突然跃起的民调支持度》，台湾《新新闻》761期，第66页。

② 李濠仲：《民进党催眠选民，也催眠自己》，台湾《新新闻》856期，第28页。

③ 台湾《中国时报》，2000年3月7日。

④ 陈建勋：《民进党打数位选战》，台湾《新新闻》671期，第44页。

只是在白天以随机抽样的方式对拿起电话的人进行访问，这样就会把上班族等漏掉，从而使抽样代表性不足，而那时民进党的民调就已经深入地考虑到了电话访问的时间特性及受访者家庭成员等多重因素，对此做出了相应的措施。一时间，民调成为民进党的显学，几乎人人都对选举民调的基本技术有所了解，其民调系统的战斗力在几个政党中是比较突出的，在一些选战中对民调的算计达到了比较高的水准。可以说，在很多的选战中，民进党及其候选人是以民调为中心来运作其选战兵法的，举凡选战战略的总体规划、文宣主轴的确定、选战中攻守配合及阶段转换的时机等等都是根据民调来处理的。精准民调加犀利文宣因此就被认为是民进党选战的利器。

民进党在选举前，就开始做民调。对一些重要的议题，更是进行了长期的、动态的民调规划，去试探民意的动向，区分自己的支持者和其他政党支持者对不同议题的好恶，找出把能够为大多数人所接受的议题及表达方式，将其定位为选战的主轴。候选人和选战主轴的一旦确定，民进党就对自己的候选人就进行包装，并强力地推销，把他们塑造成为最能够吸引住选民、最为选民期待的那一类候选人。1993年县市长改选中，民进党就是依靠这一套战术，找出了当年选民最深的期望，把选战主轴定位为“青年、勤政、爱民”[①]，也找出了一批比较具有这样特质为选民所接纳的候选人各个选区的选举机器开足马力，极力把这些候选人包装得适销对路，因此这次选举，民进党大获成功，大大超出了其基本盘面而一举夺下近1/3的县市长席位，这在当时不亚于一场政治地震，撼动了台湾的政治板块，也坚定了民进党走选举执政之路的信心。但在早期，民进党的支持者同情者因为对威权统治时期

① 李濠仲：《民进党催眠选民，也催眠自己》，台湾《新新闻》856期，第29页。

的白色恐怖政策心有余悸，因此往往在接受民调时不愿意表达自己的真实想法，这使民进党候选人在民调中的支持度一般比实际要有所偏低，而在政党轮替之后，过去民进党那部分隐性选民就无所顾忌了。

在民调界，也有一些色彩偏近民进党的机构或业者，例如新兴民族文教基金会就曾是民进党民调的外围机构，在台湾比较有名的山水民调公司亲民进党的色彩也很浓厚，其负责人张侑仁曾经担任过民进党组织部主任，总顾问游盈隆也曾经担任民进党民调中心主任。

1997 年台北县长的选举中，民进党候选人苏贞昌与国民党候选人谢深山，都发布了显示自己领先的民调。在双方的民调大战中，苏贞昌公布了其委托台大社会学系主任林万亿所主持的民调，显示截至当年的 11 月 15 日，他的选民支持度，还位居第一，高于谢深山①。国民党公布其委托政治大学的民调结果显示，谢深山和苏贞昌呈现拉锯战，各拥有 30% 支持率。② 而中立的民调多数显示谢深山处于小幅领先的位置。在选战过程中，指导苏贞昌打选战的也依然是其内部民调，苏贞昌采取“联合次要敌人打击主要敌人”的战略，刻意拉拢另一位候选人林志嘉，因为其民调资料显示与林维持友好关系，能够使谢深山选票减少，并能够在最后决战的时刻使选票流向自己更多一些。民进党台中县长的提名人廖永来，也是根据自己做的民调来调整选战策略，这份民调显示廖永来的胜选率最高，但排名居次的则是国民党“立委”徐中雄，所以廖永来把他作为自己真正的潜在对手③。然而，民进

① 《苏贞昌自家民调：我是第一名》，台湾《中国时报》1997 年 11 月 19 日。
② 《国民党民调：谢深山与苏贞昌势均力敌》，台湾《中国时报》1997 年 11 月 19 日。
③ 《选战科学化，民调测风向》，台湾《中国时报》1997 年 10 月 21 日。

党对选举民调的操作也不无失误之处。同是在 1997 年县市长选举中，民进党中央根据自己做的民调资料判断，彰化县民进党候选人翁金珠的支持度与国民党候选人阮刚猛相差过大，可能追不上，为了集中资源帮助别的更有希望的地方，因此决定弃守彰化，结果翁金珠仅以微小差距败于阮刚猛，民进党因此痛失机会。

民进党利用民调干扰对手的手段也略高一筹。在 1997 年县市长选战中，民进党连续了发布了不少民意调查结果，大都显示在年底县市长的选战，民进党候选人在多数县市遥遥领先国民党。这种做法给国民党以非常大的压力，国民党以“膨风”、“不道德”、“混淆视听”来讥讽、抨击民进党的举动，指责民进党主席许信良所公布的民意调查结果与实际状况有很大的差距，民进党有运用民调来混淆选情、混淆民众视听的企图。[①] 但是，国民党当时并没有采取强有力的反制措施，及时公布自己的内部民调的具体数据，后来却依样画葫芦，同样发布民调，透露全台国民党候选人“行情看涨”的消息。时任民进党民调中心主任贺端藩则尖刻地反讽国民党，“如果只是为了宣传而做民调，只需用编的即可，根本不必如此大费周章”[②]。正在此时，国民党阵营在民调上恰恰又出丑闻了。在高雄县县长选战中，国民党候选人黄鸿都发布了一份民调，声称黄以 52% 领先于民进党候选人余政宪的 48%，委托单位最早说是委托中山大学，但被其否认后，又改口说是中兴大学选举研究所之口误，结果中兴大学公行系教授管碧玲在余政宪竞选总部召开记者会，公开表示说虽曾经受过黄的委托，但民调抽样并未完成，民调结果还没出炉，显然黄鸿都发布

① 《吴伯雄指民进党民调“混淆视听”》，台湾《中国时报》1997 年 9 月 25 日。
② 《选战科学化，民调测风向》，台湾《中国时报》1997 年 10 月 21 日。

的是一份假民调。[1] 管碧玲的反戈一击，不仅对于黄鸿都本人，而且对于国民党的杀伤力都是不可低估的。这场民调风波在社会上一公开，舆论和民众都感觉国民党在民调上的虚假之处颇多，所以在这次选战的民调大战中，民进党无论是在声势上还是在信誉上都胜过了国民党，而且这种印象留存下来，在以后的选举中对国民党而言，就特别难以摆脱，但国民党在2000年大选时仍然在玩这种自己已经失去了信誉的把戏。

一些实力比较强大的民进党候选人在选举时，除了民进党中央的民调系统的奥援外，也会自己设立一些民意调查机构，1994年在台北市长选举中，陈水扁及其幕僚就是以1993年底自设的一套民调系统，设立了20支线路的电话，每隔3天就做一次民调，然后根据电脑的交叉分析，来解析不同的选民对不同议题的反应、选民对各个候选人支持度的变化及变化的原因、自己的支持者和游离票的分布情况等等。经过多次的民调，陈水扁及其幕僚团队就发现，陈水扁的支持者中，女性和青年人比例不高，但是这些人不支持陈水扁不是因为他的民进党身份，而是对他不甚了解，所以陈水扁及其幕僚制定的选战策略就抛弃了过去民进党悲情诉求的调子，把文宣主轴定在"快乐、希望"，提出了"生活品质的世纪之战"，并对"台独"等议题采取软性的、防御性的处理。陈水扁及其幕僚也是在分析民调后，针对黄大洲和赵少康的强项与弱点制定了具体的对敌策略，当时在局外人看来，赵少康善于文宣和造势，善于制造耸动性话题，在声势上在3个人中一直居于上风，但陈水扁及其团队在民调中发现，黄大洲在选战中一直拥有22%—23%的支持率，他们分析这是黄大洲依靠国民党雄厚的

---

① 《兴大教授管碧玲：黄鸿都民调抽样并未完成》，台湾《中国时报》1997年11月15日。

基层组织优势所致，所以在选举的中前期一直把黄大洲作为主要的对手来打击，并且还以在台北市的各个里中建立后援会、在各个群体如客家宗亲、校友会、妇女团体、残障团体、同业工会等里面发展支持者组织，以此来对抗国民党的组织战，巩固基本面。依靠民调，陈水扁及其团队还迅速地调整了选战的方向和节奏，在10月底民进党主席施明德放出“金马撤军”的言论后，他们在民调中发现，陈水扁的支持度骤然下降了7%—8%，最低时跌至了21%—22%左右，而原来在民调中只有16%—19%支持度的赵少康却声势看涨了不少。因此，他们提早针对赵少康发动攻势，力图把赵少康拉下来，在这一过程中，陈水扁及其幕僚在民调中又发现，陈赵互相攻击，黄大洲渔翁得利，而且“统独”问题也使不少中间选民产生了厌烦的感觉，所以他们又及时把选战的文宣拉回市政这个主题，更激烈地抨击黄大洲的市政成绩，等到冲刺阶段才又炮火对准赵少康①。

国民党擅长组织和资源战，对于民调，并没有像民进党那样有一整套的规划，虽然在选战中他们也逐渐认识到了民调的重要性，但对其的认识，直到2000年“总统”大选时仍然停留在“看到不利的民调，就当参考，有利的，就当文宣”，“不是挣回民心，而是把民调做回来”的水平上，所以在2000年“总统”大选的竞选期间，国民党被民调弄得满头包，一身骚，当时国民党的内部所做的民调很多是顺从上意而制造出来的，是灌水的假民调，甚至还爆出国民党刻意隐瞒调查局所做的较具真实度的民调及企图制造“弃宋保连”效应的假民调丑闻。② 国民党的这一系列失误，

① 马永成，罗文嘉口述：《我如何帮陈水扁打选战—陈水扁胜选功臣现身说法》，台湾《财讯》1995年第1期，第137－141页。

② 台湾《新新闻》第792期，第46页、第8页和第47页。

不仅导致自己的选举策略偏差，而且使自己在民调中毫无信用可言，让对手有机会运用社会上比较有公信力的各种民调来凸显连战一直处于落后的状态，运作选举后期市面上流传的李登辉“弃连保扁”耳语。

民进党在一些成功的选战例子中，比较好地运用选举中的民调及分析操盘技术，不仅力求在真实的基础上作战，而且分析敌我的强点弱点方面也有独到的眼光，“当别人看到不利的地方，民进党却可以看到对他们有利的地方”。精准的民调和正确的解盘分析对民进党的选战有比较大的帮助。在2000年“总统”选举中，陈水扁、吕秀莲就在竞选总部下设立了民调部门，主要使用来自于民进党中央民调部门和陈水扁自己手中的福尔摩沙民调系统的资料，并根据这两个系统所做的民调，制定了一套周详的选战策略。例如，在打击对手的战略上，借助于国民党发动的“兴票案”，将选战的主题成功地扭转为“改革、扫黑金”，不仅一箭双雕地把连和宋都打击到了，并且在策略上，成功地实施了“弃连保扁”的战术；在争取中间选民的认同上，陈水扁以声明“如果当选则不参加民进党党内的活动”等举动，来破解这部分民众的疑虑，极力拓展中间票源（当然陈水扁诸多这样的承诺事后并没有兑现）；在选举的行程上，也是根据民调数据而制定，最后冲刺阶段，陈水扁频频地出现在桃竹苗地区和台北县，因为在其阵营解析内部民调后认为，在这一地区必须苦战，才能拓展票源，而在南部地区，陈水扁只须由其副手吕秀莲现身就对支持者有“保温”作用。在此次选举中，民进党还针对国民党所发布的策略性民调，进行了有力的反击，陈水扁的竞选总部专门召开了一次记者会，指出在当时发表民调的26个机构中，有6成以上是连萧的民调部队，还直接点出了“中华民国妇女创业发展协会”、“中华民国企业发展研究学会"、财团法人明裕文化基金会等的名字。[1]经过陈水扁阵营的猛批，这些机构发布的民调对选民当然不具有可信度，而且加深了以往国民党在民调操作上给选民留下了差、滥的印象，这不仅破解了国民党阵营操作"弃宋保连"的策略，而且在其他文宣操作的配合下，为本阵营操作"弃连保扁"的谋略埋下了伏笔。

民进党上台之后，对民调的操作还是很在意的。在泛蓝各党以民调高低决定2002年底高雄市长选举到底那位候选人出马的过程中，民进党号召支持者以假意的回答干扰民调，致使泛蓝几党当时不仅在几位候选人的协调方面难以服众，而且矛盾加大了。在2003年初，"连宋配"成形后，民进党内部立刻进行了民调，结果发现扁大幅度的落后。为了不扬他人志气灭自己威风，民进党当时没有公布这个民调，而是猛攻泛蓝之短，公布了另一份"立法院议事表现与总统选举民调报告"，因为"立委"在"立法院"表现之烂无须多说，这大部分又可扯到泛蓝"立委"头上；在"总统"部分的民调中，更是玩弄伎俩，仅以扁连对决为前提，把宋楚瑜排除在外，这当然地会拉高陈水扁的声势。此后，民进党所发布的"总统"民调，大多数都强调陈水扁的支持度在上扬，与连宋的接近程度越来越近，这其中都有为了巩固支持者，影响选民判断的选战谋略在内。[2]

---

① 台湾《中国时报》，2000年3月6日。

② 李濠仲：《民进党催眠选民，也催眠自己》，台湾《新新闻》856期，第28页。

第三节　民进党的配票策略

在台湾的“立委”等民意代表的选举中，常常可以看见所谓的配票，这是指选民将自己手中的选票按照政党和候选人的指示投给其所指定的候选人。国民党老早就有所谓的责任配票的做法，但在“解严”后政党竞争中配票首次产生较大影响的是新党于1992年选“立委”时的运作，当时一战成名，后来各个党派纷纷起而仿效。形成配票的相关因素，一是选民自身存在的偏好与外界候选人之间的落差，台湾很多民调都发现选民往往在支持度和看好度之间存在着落差，这反映了台湾选民对政党和候选人的一些矛盾心态，也是选民频频发生“弃保”或配票现象的一个表征；二是选举制度的诱发，在民意代表选举中台湾采取的是“复数选区单记非让渡投票制”的选举制度，这种投票制度再加上应选名额过多，就产生了很多弊端，其中之一就是会诱使配票的发生。因为同一个政党在同一个选区内推选出几个候选人，或者是造成同党候选人之间竞争过于激烈，从而弱化了不同政党之间的竞争，又由于提名摆不平或其他的不团结因素，或容易产生党派分裂的诱因，或者就是同党的候选人联合起来，以配票来保证合作者以最少的当选票数上榜，提高当选率。

配票能否发生及是否会成功，选民的态度起着关键作用，一般是政党忠诚的支持者选民，才比较容易听从政党或候选人的指挥，服从其配票的指令，但政党推出的候选人，也须过得去，不至于太差；而一般的选民，就不太容易听从政党或候选人的呼吁而配票。根据“决策调查中心”2001年所进行的“联合竞选效益的研究”显示，60%以上的选民赞成采取联合竞选，但在这些赞成的选民中，50%会根据选情自行决定配票的对象，只有30%会听从竞选总部的指令的强制性配票规定，调查也发现，年轻及高学历的选民比较容易接受强制性配票，愈是都市化程度高的地区愈容易发生配票，所以配票在台北市等大都市更容易获得成功。[①]这个观点与一般人印象里年轻或高学历的选民比较自主、独立判断性强的看法有所不同，可算是一家之言。但无论如何，各个政党在选区中是否有着那么一批忠贞选民对于配票是极为重要的条件，而简单易懂的配票技术操作也是一个颇为重要的要素，因为如果选民弄不清怎么配票，这就比较难以掌握状况，会发生各种问题。此外，对于配票的操作者而言，有无精准的估票能力、有无严明的纪律约束本党的候选人，也是重要因素，否则就无法操作到有效的转移票数使自己较弱的候选人当选。配票虽然使得政党当选率提高，但是选票的代表性却会发生问题，因为这样一来，不仅参与配票的选民初衷发生了改变，而且如果由于配票致使特定候选人当选所产生的影响，没有配票的选民手中选票的代表性因此会有所降低。

1995年三届“立委”选举中，民进党台北市南区的4位候选人采取了联合竞选并配票的策略，沈富雄、黄天福、叶菊兰、颜锦福4人共同设立了联合竞选总部，并请民进党台北市党部主委来担任竞选总干事，竞选总部和文宣等所有共同花费的费用公摊，除了分头拜访选民外，竞选中其他所有的活动4人都捆绑在一起，记者会、演讲会一同出席，文宣战报、名片、造势旗帜上的照片或名字也是印在一起的。他们这样做，是他们经过评估后认为，在上次“立委”选举中民进党候选人所得的18万选票中，有7万是较铁的民进党支持者，容易操作配票，另外11万曾经投票给民

① 洪耀福：《联合竞选是万应灵丹吗?》，台湾《新新闻》751期，第75页。

进党候选人的选民属于看人不看党型的，这 4 个人的形象可以吸引他们，因此鼓励他们配票也有一定的效果。所以，他们要求支持选民按照自己的出生时的季节，分别投给 4 位候选人，并喊出“先四人行，再四季红”的口号。结果，这 4 人不仅果真“四季红”，而且总共还比上次多拿了近 3 万张选票。这 4 个人当中，沈富雄的实力是最强劲的，但只得到了3.9 万多张票，其原来的票源应该是分给了其他力量较弱的候选人，而四人中实力最弱的黄天富就是因此而当选。

在 1998 年“立委”选举中，民进党也大量使用了配票的手段。在台北市南区，仍然是沈富雄、叶菊兰、黄天福、颜锦福搭配，也是以“四季红”的竞选文宣，但结果却与上次不一样；而在台北市北区，则由施明德、林浊水、王雪峰、卓荣泰、林重谟 5 人打出联合竞选的旗号。在台南县，民进党县党部出台了依身份证号码划分票源的配票方法，甚至在选举冲刺的关键时刻，还请出平民社区艺术工作室的青年男女在县党部前，以表演街头行动剧的方式，为谢宗霖和叶宜津两位候选人的配票做宣传动员，剧情指出这两位候选人是国民党套牢封杀的目标，选情很危急，需要选民支持，也需要另 3 位选情比较稳定的同党候选人及时伸出援手，进行配票。① 民进党台南县党部还充分地利用政治明星的人气，积极地为“立委”候选人打气，当时在台北市市长选举中，市议员林瑞图指出连任竞选台北市市长的陈水扁曾经多次去澳门，有赌博或嫖妓的嫌疑，这引发了陈水扁的支持者全岛性的反弹，民进党因势利导，打出陈水扁牌，希望借重陈水扁的魅力，结合“立委”候选人联合竞选造势，拉抬其他“立委”候选人的

---

① 《民进党演出配票行动剧》和《民进党组织弱配票难》，台湾《中华日报》1998 年 12 月 3 日。

选举声势，把这股民气转化为实际的助选力量，动员陈水扁的热情支持者发动南北亲友用选票支持民进党，还把政见晚会定名为“南长北扁双首都，绿色执政新希望之夜”，呼吁支持者配合“南长北扁结合‘立委’”的联合竞选运动，“一传十、十传百”连线助选。

在这次选举中，对于联合竞选及配票的策略，民进党内出现了比较多的杂音，主要问题在于，民进党党中央虽然强力地推动联合竞选策略，把配票当作是活命的口粮，希望一人一口式的平均分配，但由于其无法为这些候选人营造强大的选举声势，以此增加较多的选票，所以造成僧多粥少的局面。候选人各自掌握的得票数多少不一，在票源重叠的情况下，候选人打选战就是生死对决，很多协议联合竞选的候选人为了吸取更多的票源，不惜对同志下手，甚至反目成仇，而民进党由于派系结构问题在组织上也根本无法协调或压制住这些问题。例如，台北市南区所谓的“四季红”，沈富雄这回可不再割肉救友了，据说因其当时埋伏着竞选 2002 年台北市长的野心，所以全力冲刺，而这刺激了另外一位实力较强的候选人叶菊兰拼命，结果这两人一个得了 8 万多票，一个得了 7 万多票，所以这回黄天富只得到 2 万多票，逃不了落败的命运，联合竞选自然破产在台北市北区，结果虽然全部当选，但几位候选人虽然打出了联合竞选的招牌，实际上却是各自为阵，不能视为是联合竞选的功劳。台中市为力保三席，民进党市党部执委会制定了决议，规划支持者按各人出生月份指定配票给特定候选人，但才出台，就遭到了几个民调居高的候选人的同声反对。台中县民进党候选人徐宜生喊出“徐宜生上垒，民进党全胜”后，同选区的同党其他候选人就十万火急地忙着扑火。在台南县民进党的 5 位候选人尚未协议配票时，民调最低的谢宗霖就已经先喊出具体配票办法，并公开地向某个同党候选人要求救援，拨出一万票，这等抢跑的做法因此遭来众人怒目相向。[①] 民进党这次比较全面地铺开配票，但由于上述提到的问题，就无法使选民对众多的品质不一的候选人产生配票的意愿，民进党自己的民调也发现该党支持者愿接受配票指令者，已跌至五成以下。[②] 因此民进党这次配票与联合竞选的操作并不理想。

2001 年底“立委”选举，联合竞选成为了各个主要政党共同的选战策略，但只有民进党获得了非常成功的配票策略，因此才获得了在“立法院”第一大党的选举佳绩。在选前，民进党的选情并没有被看好，因为陈水扁的政绩很难看，所以民进党采取了很多非常的手段，而其中配票策略的运用是比较精妙的。陈水扁在选前就极力营造气氛，以《世纪首航》等文宣攻势把这场选举定调为——排除在野党在“立法院”的干扰，选举更多的民进党“立委”以稳定陈水扁的执政。陈水扁挟着“总统”之威势和“行政系统”庞大的资源助选，无论走到哪里都是超级的助选员，民进党候选人莫敢不听从其号令。其次，民进党的配票方案比较容易操作，加上选民的配合使其精确度有保障，例如有的地区要求支持者按照出生月份投票给指定候选人，而有的地区要求按照身份证最后一个号码投票给指定的候选人，以这些方法极力避免明星级的候选人吸票过多而影响同选区其他同党候选人的得票数。民进党还发出了强烈的配票信息，在几大报纸上以整版广告刊登出自己的配票方案，安的大标题是“配票动员令”，并以陈水扁和谢长廷的身份证做示范，教支持者如何配票，还特别注明“阿扁总统、长仔主席亲自拜托”。选举当天，陈水扁推着其夫人吴淑珍

---

① 《联合竞选与配票，慎防“龟”》，台湾《中国时报》1998 年 11 月 30 日。
② 《联合竞选与配票，慎防“龟”》，台湾《中国时报》1998 年 11 月 30 日。

出现在投票站，并通过电视台向其支持者说出“把票投给该投的人，不会投错，也不会投废票”的配票信息。再次，民进党在很多选区一开始就采取了联合竞选的策略，以台北市为例，在南北两个选区，民进党候选人没有个人的旗帜与文宣，只有选区中的所有候选人组成的联合文宣与车队。而在选前最后3天，民进党发布很多民调去凸显其候选人之危急，并强烈地呼吁、发动民进党支持者和同情者配票。陈水扁亲自出马，疾呼“抢救同志大作战”，大力号召配票。

开票的结果显示民进党各个候选人的得票非常均匀，陈水扁的爱将罗文嘉在台北市北区参选“立委”，选前被认为极有可能是民进党吸票机，会吸收过多民进党支持者的票而影响同党的其他候选人的当选机会，结果选票开出来，他虽然是第一名，但只拿了5.6万票，证明民进党的配票策略成功地将罗文嘉的票分给了同党的其他候选人。在台北市南区，配票策略也完全奏效，得票排名第二名的郭正亮，与第八名的蓝美津，只差了8000票，所以在台北市原本预计只有二三席实力的民进党，获得了八席的漂亮成绩。民进党候选人在台北市两个选区的总得票数不到42万张，比上一届选举时还少了10万多票，以更少的票数而获得比上届多得多的当选席位，当选率提高之大让人非常吃惊。这一次选举民进党的配票工夫应该说做得是较为出色的。民进党的提名当选率从1998年四届“立委”的65.8%大幅度地上升为83.1%，而国民党则从83.5%急剧下降为53.5%。因此，民进党以33.4%的得票率获得了38.5%的席次比例。①

① 王鼎铭：《复数选区下的弃保效应，民调与选区资料的观察比较》，台湾《理论与政策》2003年4月，第89—90页。

第六章　公共政策与选举支票

随着意识形态和“省籍—族群”等方面的动员在选举中日益彰显出其不足之处，民进党在开出福利及公共政策支票方面，也日见重视起来，他们针对老人、妇女、青年、工人、反核人士、失业人士、客家、原住民等群体，开出了一些比较有影响的公共政策支票，这对于对其争取中间选民或对特定议题持有看法的选民，对其选票的成长，有比较大的帮助。例如老人年金牌就是民进党较为成功的选举支票，在2000年“总统”选举中，60岁以上老人投票给陈水扁达46.4%，50—59岁的那部分选民投给陈水扁是48.8%，是所有年龄段中最高的。[①] 陈水扁那时就是沿用民进党的老人年金等福利支票，打动了他们，这几年来他继续大发老人的福利支票，这在有些地方买票的效果显著，“投阿扁仔赢过养一个儿子”。但民进党诸多的福利及公共政策支票，大都没有成系统或有整体的配合，对于财政负担后果和社会的影响也没有认真加以考虑。不但如此，这些选举支票的信誉度，也根本没法保证，捞骗到选票之后，跳票是经常发生的事。

① 盛治仁：《台湾两千年总统选举投票行为研究》，台湾韦伯文化事业出版社，2001年7月版，第11页。

第一节　福利及公共政策支票

台湾每逢选举，竞选支票就满天飞。随着民进党在县市长选举中的不断胜利，民进党执政的地区逐渐扩大，利用执政的有利地位，打执政牌、政策牌、福利牌、支票牌，就不仅仅是国民党的独有资源，民进党对于执政优势的利用不遗余力，跟国民党相比甚至于“有过之而无不及”。为了扩大福利政策的影响力，增加福利政策的受惠面，民进党更多地注重在儿童、老人、弱势群体的福利政策上打主意。儿童虽然没有投票权，但儿童福利是家长关注的焦点，儿童福利政策对家庭成员的投票倾向具有相当巨大的吸引力。陈水扁为此在台北市长任内曾提出每学期发放5000元幼儿教育券；民进党福利国连线则提出孕妇生产每胎补助3000元津贴，3岁以下婴儿每月补助3000元；台北县“立委”周雅淑曾经以“妇幼第一”作为竞选主轴，提出“6岁以下健保费全免”的政策主张；台中县“立委”邱太三则提出过针对单亲家庭补贴育儿津贴的主张。

1994年陈水扁竞选台北市长，其福利支票受惠面涵盖普通市民、老人、警察、环保人员、妇女、邻里长等等，包括交通、环保、教育、治安、“政府”服务等多方面的内容。如承诺2年内解决台北市交通问题；增加警察、环保人员的超勤津贴；65岁老人每人每月发放5000元的敬老津贴；3岁以下儿童看病免费；设置14个社区妇女服务中心；兴建巨蛋球场，加强社区治安等等。

据岛内有关媒体统计，1998年，陈水扁为了竞选连任台北市长，提出了总金额达58亿元的福利政策，其中包括幼儿教育券、6岁以下育儿补助、私立高中职学杂费补助、出租车加装收据机补助、里长三节慰问金、里长自强活动经费、19 处老旧住宅整建等，明显是针对特定人群的利多政策，受惠者更多地集中在较具有选票和舆论影响力的里长、邻长、老师、出租车司机，比如为每位里长配置一部大哥大、提高里长三节慰问金、出国补助费、服装制作费、自强活动经费等，被反对党议员质疑是政策买票、选举红包，是用钞票换选票。

民进党执政以后，针对不同的选民，提出不同的福利政策，进行政策买票。如针对大财团和失业选民提出 5 年 5000 亿扩大公共建设方案，通过大幅提高举债上限，增加预算，扩大投资和就业；针对教师提出补贴退休金；针对学生提出补贴贷款；针对乡镇基层提出补贴乡镇市的建设。2004 年台湾的总预算，社会福利支出总计是 2748 亿元，主要集中敬老津贴、老农津贴和身心残障补贴。

一、老人年金牌

台湾老年人口数目巨大，投票率高，是岛内各政党均不敢得罪的群体，各政党为了讨好老年人甚至在老年福利政策上竟相加码。1993 年 2 月，在澎湖县长改选的过程中，民进党候选人高植澎提出“老人年金”的诉求，击败国民党在澎湖县垄断 40 年的政权。在澎湖胜选的影响下，“老人年金”政策成为民进党 1993 年底县市长的主要诉求及此后多项选举的重要诉求。在 1993 年底的县市长选举中，民进党打出“老人年金牌”，民进党的“民主县市长联盟”在“敬老津贴”实施办法里，提出凡年满 65 岁且未享有“政府”退休金或公费制度照顾者，每月均可领取新台币 5000 元。民进党的 20 位候选人还联署发表“发放敬老津贴誓约书”，表示如果他们当选，保证从 1994 年 7 月 1 日起发放，否则将辞职以示负责。在当年的县市长选举中，民进党把这一公共政策支票炒得越来越热，并在 1993 年 10 月 23 日举办了一场“重阳送暖敬老大游行”，从中南部找来近万名老人，其中还有坐在轮椅上的古稀老人，北上台北街头游行。由于国民党怕在 1994 年的台湾省省长选举失分，所以“你发我也照发”地竞相打起这张牌。其实在民进党执政的七县市，只有新竹和澎湖在 1994 年 11 月以后还能继续发放以外，其他皆因为财政短拙而停发，这本来会遭到选民的指责，但国民党的跟进，使得民进党可以把责任推卸给国民党，不仅顺利逃脱“跳票”的后果，而且可以继续地把这张牌作为攻击国民党的利器。①

这种情况在 1997 年继续上演。1997 年的县市长选举中，本来民进党为了规避跳票的指责，已经打算不再把老人年金作为共同政见了，倾向开放由县市长候选人个人决定。因为民进党执政县市中，只有新竹县长范振宗发放的老人年金唯一能够坚持 4 年，其他统统跳票，而这个政策在民进党执政的县市不仅导致社会福利政策方面的排挤效应，而且拖累县市财政，财源枯竭，发放老人年金无以为继，只能虎头蛇尾，这原本引起了不少民进党支持者的反弹。② 但是，由于国民党的跟进，老人年金仍然成为这场选战中争相猛开的支票。国民党为了收复民进党掌政已经长达 8 年、李登辉的老家所谓“主席故乡”的台北县，李登辉为台北县的国民党候选人谢深山站台时，向台北县的选民开出一张震惊全台湾的老人年金大支票，讲到如果谢当选，65 岁以上的老人每月

---

① 黄创夏：《民进党的老人牌，靠李登辉帮了大忙》，台湾《新新闻》第 397 期，第 66 – 71 页。

② 《年底选战，民进党共同政见不谈老人年金》，台湾《工商时报》1997 年 7 月 14 日。

将获5000元新台币的老人年金，并极力批评民进党的现任县长尤清没有落实竞选诺言，每年只发4个月老人年金；还拍胸口保证："一年12个月，每人每年发6万元"，强调"全县一年也不过发数千万元，没有什么了不起"，"台北县政府可用的经费不少，只是用不对地方而已"。李登辉此言一出，立刻引起政坛和舆论界的哗然。

舆论指出4年前民进党提出这一政策时，曾受到国民党的围攻，当时李登辉等人指责民进党是滥开竞选支票的"散财童子"，"用年金买选票，侮辱选民人格"，因此民进党执政的县市，事实上多数在几个月后就无以为继；然而"说别人是骗子的国民党，也加入这场骗局"，"连自己讲过的话也不顾"，不仅是自打耳光，显然是将社会福利资源作为"政策贿选工具"。而民进党大为得意，向选民宣传说国民党采用了4年前民进党提出的政策，不仅证明了李登辉公开支持民进党政策，也证明了民进党的政策是有远见的，如果民进党得到"中央"执政的机会，就可以全面落实这一政策了。在李登辉开出老人年金支票后，国民党掌控的行政部门即提前推出已经研究了多年储蓄式国民年金政策。[①] 所以，由民进党发起的老人年金政策支票，尽管实施过程中不无粗疏，但老年选民还是认同了民进党对他们的照顾，老年选民对民进党的支持率一路高涨，与老人年金、老农津贴等的发放不无关系。

在民进党的推动下，"立法院"通过了老农津贴制度，每月补助3000元，但许多民进党"立委"认为老农津贴过低，甚至要求比照外省籍老兵提高至每月1.1万元，杨秋兴在竞选高雄县"立委"时则提出应当将老农年金制度扩大到渔民。2003年6月，

① 《台湾县市长选举日益沸腾，李登辉以老人年金支票出击》，台湾《联合早报》电子版，1997年11月3日。

“立法院”三读通过“敬老福利生活津贴暂行条例修正案”，把每月 3000 元的敬老津贴扩大到劳工和军公教中已经有保险给付的老年人，涵盖 21 万人。紧接着“原住民敬老福利生活津贴暂行条例修正草案”也三读通过，规定已经领取军公教、劳工保险给付的 55 至 64 岁的原住民老人，也可以领取每月 3000 元的敬老津贴，2600 位原住民老人从中受益。12 月，“立法院”三读通过“老年农民福利津贴暂行条例”（又称为“老农年金法案”），将惠及 71 万农渔民的老农年金调高 1000 元，从 3000 元增至 4000 元。台湾“农委会”还决定修改“农民健康保险资格审查办法”，让名下没有农地但实际上仍继续在耕作的老农民，可以继续参加农保，使 3 万到 4 万农民受惠。这些法案都是民进党当局所提，台湾媒体指出，“这些看似嘉惠于民的方案，其实只是政党开支票换选票的伎俩，而最终的代价还是要由选民负担”。①

民进党推动老人福利津贴纪录

年别	活动内容
1992 年	“立委”选举，正式提出发放老年年金主张。
1994 年 5 年 23 日	“敬老津贴”静坐。要求“立法院”尽速审议民进党提出的“敬老津贴暂行条例”。
1994 年 6 月 26 日	发放老人津贴大游行。
1994 年 7 月 1 日	民进党执政七县市全面发放“敬老福利津贴”。
1994 年	省市长选举，提出“老人年金”政见。
1995 年	谢长廷、沈富雄分别提“国民年金法草案”。
1996 年	要求“立法院”党团尽速推动“国民年金”。

① 台湾《新新闻》2003 年 12 月 18—24 日，875 期，第 67 页。

续表

1999 年	民进党"立委"再度提出"敬老津贴暂行条例"。
2000 年	民进党执政十三县市长公开连署，支持"总统候选人"陈水扁所提"由中央政府发放老人津贴政策"。
2001 年	呼吁"立法院"在第四届结束前，通过"老人生活津贴暂行条例"。

二、争取妇女支持的政策支票

在台湾，妇女选票可撑起半边天，而女性选民在民调中"未表态"比例较高，所以在关键时刻她们的选票就成为各家必争之地，但早期民进党因为给民众留下了"暴力党"的形象，所以一直难以获得女性选民的青睐，她们一般较支持维持现状、讲求安定的国民党。研究发现，1990 年代初，男性对民进党的认同为 16%，而女性只有8.8%。[①] 国民党内有妇女系统，而民进党为争取妇女票，也设立了妇女发展部。1994 年，民进党路线转型，陈水扁竞选台北市长打出"快乐、希望"等口号，民进党女性支持者因此曾大幅增长约 10%，其后又回落。1996 年民进党妇女发展部主任彭婉如遭奸杀，引起社会强烈反应，妇女安全和社会治安成为重要议题，民进党和妇运团体发起了多次运动，因此民进党的女性支持者又有所回升。[②]

1994 年台北市长选举时，陈水扁就在争取妇女选票上下足了

① 黄秀端：《台湾妇女近十年来政治态度的变迁——民国七十二年至八十一年》，台湾《问题与研究》，1996 年 10 月，第 81 页。

② 《婆婆妈妈真伟大，选将抢攻妇女票》，台湾《中国时报》，1998 年 11 月 30 日。

功夫；1998年陈水扁与马英九对决，也把争取妇女选票作为选战的重点，针对妇女比较忧心的“八大行业”问题，陈水扁提出严禁政策，主张不让电玩、赌博、色情等行业在台北死灰复燃，并举行“妈妈的城市，孩子的未来”演讲会，诉求为妈妈与孩子打一场城市保卫战。① 而谢长廷为争取妇女选票，一连两天都举办了“疼某救高雄”、“水水的新衫，妇女之夜”造势晚会。谢长廷也把因彭婉如遇害而凸显的妇女安全及治安问题作为主要诉求，并将女儿谢维芬推出，为自己选举站台。② 在1997年年底县市长选战中，民进党中央开出了“学童免费营养早餐”的政策支票，宣称未来将会在该党执政的县市推出“国小学童免费营养早餐”的福利，还计划未来在该党执政的县市实施学校接送学童的福利举措，这是民进党继1994年县市长选举时开出老人年金支票，掀起选战热潮之后，再接再厉开出的第二张以社会福利为主的选举支票。这个福利措施以照顾妇幼权益为诉求，民进党认为，与老人年金相比，学童营养早餐所花费的预算不多，但重要性不下于前者，因为现代社会生活的快速步调使父母亲往往忽视了孩子的早餐，所以提出让小学生免费喝一杯牛奶，会对妇女和上班族这些中间票源产生较大的吸引力，这个实实在在的措施会比空洞刻板的选举口号更为有效。因此，在那一年的选举中，这一张选举支票的效果虽然没有老人年金那样来得大，但对民进党改善形象的作用却很大。

民进党妇女部是担负民进党选举动员的重要组织，在2000年选举中，民进党即成立了“水当当”、“水莲会”等妇女团体，随着320选举的来临，这些组织再次被动员起来，在各地举办“妇

① 《扁军锁定妇女票》，台湾《中国时报》，1998年11月23日。
② 《谢长廷“妇女之夜”打女儿牌》，台湾《中国时报》，1998年11月29日。

女高峰会”和妇女意见领袖座谈会，以争取基层妇女选民的支持。号称民进党“中央党校”的凯达格兰学院还推出“女性菁英班”，吸引妇女界的精英人物参加。2000年陈水扁竞选时提出“五五五安亲照顾方案”的政见，针对婴幼儿、青少年、老人等五类人提出照顾方案，承诺针对提高妇女就业率等问题必须达到五项目标，他要求行政系统在2004年以前落实，为争取妇女票创造条件。民进党公职的夫人也被动员起来，出面联系和组织妇女团体。陈水扁的夫人吴淑珍就积极投入妇女团体的活动，以关心慈善事业、社会福利、弱势群体的姿态争取家庭妇女的支持。屏东县长苏嘉全的夫人还出面邀请党籍村里长和乡镇市民代表以上公职人员的夫人，以及乡镇市党部主委及评委会召集人的夫人，总共近200人，加入屏东“妇女挺扁后援会”。

2003年8月，民进党妇女部开设“姐妹派”网站，网站内容并不以政治议题为主，而是提供妇女生活资讯，关注60、70、80年代出生的女性的需求，作为民进党与女性网民之间的沟通平台，目的是拉近民进党与青年妇女之间的距离。

三、“反核牌”

20世纪70、80年代，台湾社会的变迁已经相当深刻，一些社会问题非常突出，这就促使了某些类型的社会运动的发生。民进党内的一些派系特别是新潮流，就积极介入社运，以社运抗争来壮大己方势力，在这过程中，民进党吸收社运的能量也吸收了社运的精英分子。在台湾，反核运动的兴起是因为国民党执政的70—80年代，经济发展迅速，但能源短缺，于是将核能视为建设重点之一，核能四厂的建设问题就浮出了水面，多年来耗费巨资，但它遭到了当地居民的强烈反对。1984 年时“反核”社运就与党外人士和政治反对运动勾连紧密，政治势力的介入也使得“反核”运动获得了很大空间。环保议题也成为 1986 年底增额“中央民意代表”选举中的一个重要的公共议题。多年来民进党以“反核”为主打，结合各种势力如环保团体、社运团体及当地居民，共同发动对国民党执政的抗争，给其造成强大的压力，在某种程度上。民进党与“反核”社运已经将这个运动营造为一种反抗权威、挑战国民党的精神图腾，而“反核”社运的领军人物也曾经说过，“反核就是反国民党”。在历次选举中，民进党高举这一大旗，为自己赢得了不少的选票，“反核”已经成为民进党继“台独”之后的另一张神主牌。陈水扁曾经做出姿态，签署了“反核四宣言”，在 2000 年大选时，也把“反核四”当作主要的政见之一。但是，在陈水扁上台之后，面对着经济建设和“反核四”之间的矛盾，他进退失据，先是强令停止兴建，后在工商团体及经济形势因此迅速恶化的压力下，又改弦易辙，下令续建，这般混乱下来，无论是社运界还是工商界，都是怨声载道。而在党内有“圣人”形象的前主席林义雄，又带着一批“反核”人士，发动了如以往在国民党执政时期那样步行苦行活动。种种混乱令陈水扁焦头烂额，但对于这场拖棚的歹戏，他并不承认自己的过失，依然意兴十足，一度还企图以“核四公投”作为其 2004 年选举的招数。其实，不论是“反核”的社运人士还是其他社运界人士，早就该从陈水扁上台后不久就爆发的“核四案”和“工时案”中看出来，选举时，为了骗、捞选票，政治人物是什么许诺都敢做出的，至于当选后，要跳票也是跳你没商量的。

四、劳工福利和“工时”政策

民进党对工运早有介入，而且一贯扮演“反金权”的角色，因此在台湾社会中有所谓民进党有“反商情结”的说法。但事实上，拿到了选票后，一阔脸就变。

2000年“总统”大选前，工会与工运团体很积极，举办了诸如“工办政见会”、“弱势人民联合卖票行动”等活动。缩短工时一直是台湾劳工和工运的要求，陈水扁在竞选中曾经4次发表了关于缩短劳工工时的竞选诺言，即从原先的每周48小时，先在2000年底缩短为每周44小时，在2002年缩短为每周40小时，还提出了改善劳工工作条件的一系列承诺。这些自然使不少工人和工运人士投其一票。

民进党上台后，由于劳工运动过去与他们的渊源和陈水扁的承诺，劳工团体本希望能够借此机会给劳工带来工资福利与工作环境的改善。但是，当选举结果出来之后，还未正式就职之前，就传出陈水扁在工时问题上有“两年内修法，实行每周44小时，再逐步降为每周40小时”的说法，工会团体因此在陈水扁就职前夕的5月18日，召开了名为“阿扁的政策向上提升或向下沉沦”的记者会，对其提出批评。然而，陈水扁刚一上台，就一家一家地去拜访财团商界的名流，对于劳工运动和其他社会运动的组织领导者，却是在很久之后，经人提议，才召集起来集中地会面了一次。就在这种情况下，发生了“工时案”。国民党“立法院”党团全力护航，通过了“双周84小时”的提案。法案通过后，资方很不愿意接受，工商领袖立即晋见陈水扁，而陈水扁放出重话，训斥劳工团体——“‘国家’搞垮了，大家都没好处”。全省各地的资方公会团体也展开一系列的串联行动，工总、商总、中小企业协会、工商建研会等几大工商团体密集地行动起来，运作在“立法院”翻案，提出所谓的复议，要求延后两年执行。在资方的压力下，“经济部”部长林信义向“总统府”提出了“工时修正案”，2000 年 11 月在所谓的“九人决策小组”上获得了通过。“行政院”也先后提出了“取消或降低基本工资”、“缩减固定假日”、“弹性（变形）工时”、“改月薪制为时薪制”等等办法准备弥补资方的损失。

工运组织一直坚持要修改的对劳工和工会诸多不利的劳动三法——《工会法》、《劳资争议处理法》、《团体协约法》，历经多年，都无法完成立法。民进党上台后于 2002 年 3 月劳委会披露的修订版本，却在劳资争议处理办法中提出了“资方可以不给罢工的劳工工资或以锁厂的方式对抗罢工者”，这完全是根据资方所提出来的据说是为了对付强悍的工会和罢工行为而拟订的条款，但是实际上台湾的工会和罢工远远没有达到资方所称的强悍地步，大多数时候都是处于弱势地位，有实力与资方上谈判桌的工会寥寥无几。① 新当局竟然给予了资方如此嚣张的权力，一旦法案正式通过，台湾劳工和工会的权利显然会遭受了重大的损害。

在这样的形势下，台湾劳工团体发动了多次抗争和示威游行。全总、全产总、劳权会等工会团体组织因此团结起来，组成了“84 工时大联盟”，于 2000 年 12 月中旬发动了几次大规模的游行：2001 年 11 月 10 日举行全台 22 县市“反失业、要工作、救经济”的 10 万人大游行；第二天有 2000 多名劳工团体代表走上台北街头，发动“失业真恐怖”的秋斗大游行。2002 年 5 月 20 日陈水扁上台两周年之际，大批劳工走上街头抗议。

---

① 台湾《中国时报》2002 年 3 月 29 日。

民进党执政以来，失业率持续上升，超过了5%，失业人口达到60万以上。为了平息民怨，陈水扁当局针对失业问题提出利多政策，如暂缓公营事业民营化；主张检讨外劳政策，缩减外劳引进数额；推动“劳动三法”的通过；主张劳退年金制度化政策等。2003年2月，为了解决失业问题，平息岛内民众对于失业率上涨、生活无着的怨言，台湾当局的行政系统推出“公共服务扩大就业方案”，追加近200亿元的公共服务扩大就业预算，通过补助企业、增列公共服务职位等方式，增加就业机会，预计录用8万多人，解决失业劳工的家庭生计。然而岛内媒体指出，硬挤出的8万多个工作，可能一年不到就停摆，急于在选前发包的各项小工程，也只给了地方小恩小惠，台湾当局声势浩大地砸下700亿，恐怕只是“一年行情”，有效期限在2004年3月到期，对于广大的失业人口可谓是杯水车薪。

第二节　争取客家和原住民支持的政策支票

民进党在选举中操弄“省籍—族群”牌，不仅使外省人感到紧张，而且对客家人和原住民也产生了一定的困扰。客家人对民进党并没有太大的偏好，但他们一般对客家出身的政治人物，还是相当支持的。到了选举的紧要关头，为了争取这部分关键的少数票，民进党都要拿出一系列的政策支票。台北市有40万张客家票，1994年，陈水扁由罗文嘉策划，率先提出五项针对客家诉求，这些诱人的政策支票使得台北市客家人公共事务委员会公开表态支持陈水扁，为陈水扁抢得了不少票源；1998年，陈水扁阵营也在客家选票上的积极部署，当时其成立的第一个后援会就是客家后援会，台北市几个重量级的客家同乡会社团如客家自强会、重振会、山歌班等团体领袖都有加入，而且陈水扁也开出了成立客家专属电台、编辑客家发展史、推动母语教学、实行客家文化节、成立客家文化馆等政策支票。[①] 高雄市1998年选举中，吴敦义阵营说针对客家族群的300万元补助已经实施了，而谢长廷在参加“恩公祠”六堆客家宗教祭祀活动时，允诺当选后，将成立3000万元客家基金来举办客家活动。[②]

客家人是台湾的第二大族群，台湾的客家人主要集中居住在桃竹苗地区，如果再加上花莲屏东地区的客家人，人口大约有400万人，是关系台湾各政党选举成败的关键选票。台湾每到选举，候选人均拼命推出客家政策，学说客家话，参加客家文化活动，甚至追根溯源表明自己是客家人或与客家人有密切的关系。台湾媒介指出：“选举一到，全变客家人”，陈水扁就经常宣称自己是“来自福建诏安的客家之子”。客家选民的动向是关键性的，桃竹苗的客家聚居区面积大而且人口众多，有效选票超过150万。2000年选举中，宋楚瑜在桃竹苗地区的支持率居于首位，这说明大部分客家选民既要求变革，不喜欢国民党保守性格、黑金形象，也不喜欢民进党过于激进的主张。陈水扁上台以来，为了争取客家选民的支持，对客家族群采取了一系列的优惠措施，如设立客家委员会，成立客家电视台，举办客家文化节等，然而民进党强烈的意识形态倾向，长期以来将“闽南话”等同于“台湾话”、“闽南人”等同于“台湾人”的福佬沙文主义，甚至对于族群矛盾的有意挑拨，如台湾“考试院”引发的闽南话试题争议，显然伤

---

① 《北市40万张客家票，朝野抢食》，台湾《中国时报》1998年9月28日。

② 《吴敦义：三百万补助已经实施；谢长廷：成立客家基金办活动》，台湾《中央日报》1998年11月17日。

害了许多客家人的支持热情。台湾多项民调均显示，在桃竹苗地区，“连宋配”超出“陈吕配”的支持率约20%，客家选民已经明显地倾向泛蓝阵营。

为了吸引客家选票，显示民进党对于客家族群的重视，2000年陈水扁在选举中专门提出客家政策白皮书，陈水扁提出活化客家语言的八大主张：1. 成立义民大学，设立客家文化、客语研究学系及研究所，同时培育客语师资。2. 设立“客家事务委员会”为“行政院”直辖机关。3. 设置客语频道，包含专属的有线电视频道，全台性的广播网。4. 制定“语言平等法”，明订闽南、北京、客家、原住民等四语为通用语。5. 举办“客家文化节”等多种类的文化活动。6. 设立“客家社区学院”与“客家幼稚园”。7. 辅导奖助成立各类客家礼俗技艺研习班。8. 设立“客家文化园区”，提供完整体验客家文化的机会。

民进党执政后，为了兑现选举承诺，专门在“行政院”成立了“客家事务委员会”，并任命叶菊兰为“主委”。在陈水扁当局的各“部会”中，“客家委员会”的宣传费最高，2003年度编列了3.5亿多元。2003年7月1日，经过45天的紧锣密鼓的规划、筹备之后，投资2.2亿元的第一家客家电视台正式开播，陈水扁在开播致词中以重视客家语言文化自居，把开办客家电视台的功劳揽到自己身上：“这是一项文化生根的重要工作，攸关客家族群语言文化的传承与再生，如果今天不做，明天一定会后悔”。但许多人对于为了选举的需要，仓促规划、仓促上路的客家电视台的前景并不看好，在台湾地区，目前50岁以上的客家人只有58%能讲客家话，13岁以下的只有11%会讲客家话，客家电视台的市场令人担忧。首先，如果没有当局的资助，客家电视台在众多的电视台竞争中的生存并不容易；其次，客家电视台号称24小时播出，但实际只有8小时节目，其余时间均是重播，还有不少节目是把其他节目改为客家话配音。

为了争取客家选票，台湾客家人聚居的各县市乡镇纷纷兴建客家文化设施，举办客家文化节，补助客家山歌班，陈水扁也忙于出席客家地区所举办的各种文化活动，以至少一月一次的密度到客家地区走动，拜访客家宗亲大老。如2003年3月摆出在苗栗玉清宫旁榕树下与乡亲话家常的姿态，参加假面艺术节；4月出席“客家委员会”在桃、竹、苗、台中等地24个乡镇市举办的“2003客家桐花祭”；5月参加三义木雕节；6月参加在桃园中央大学成立“客家学院暨客家社会文化研究所”揭牌仪式；7月出席客家电视台的开播；8月参加“2003桃园客家文化节”。民进党执政县市也积极推出针对客家族群的利多政策，高雄市约有27万客家人，多数聚居在三民区，占高雄市总人口的19%。1999年9月，高雄市长谢长廷就督促成立“高雄市客家文化事务基金”，2001年又耗资540万兴建成第一座客家图书馆，收藏各种客家文学、文献乡土志、百家族谱等书籍。

民进党为了显示对于客家票源的重视，很早就安排了桃竹苗地区的选举部署，2003年初即指派“客家委员会主委”叶菊兰、前新竹县长林光华、桃园“立委”彭添富负责桃竹苗地区的辅选工作。为了稳定客家票，安抚党内客家政治人物，民进党还任命“立委”彭添富兼任民进党族群事务部主任、林光华出任台湾省主席，还准备在各地成立“客家咨询委员会”，强化对客家族群的组织动员。其后又专门安排“总统府”秘书长邱义仁、幕僚马永成及“立院”党团总召柯建铭负责桃竹苗地区的选举操盘。但是自从许信良退出民进党之后，民进党内对于客家地区并不熟悉，无法深入民间，民进党对于客家票的开拓成效有限。国民党“立委”

邱镜淳指出："民进党对客家人的尊重，还不及义民庙前的神猪，民进党在选举与政治运作上，将闽南人当成台湾唯一主体，来强化所谓的台湾意识，造成客家人的排斥与被侵害感，无助于弭平长久以来的闽客冲突"。①

占台湾总人口1%强的原住民由于文化背景、居住地域、社会交往与其他族群不同，原住民本来就在台湾社会中处于最弱势，是台湾社会与政治经济生活中地位最底层的一个族群。宋楚瑜当"省长"期间，深入走访原住民居住区，出台了一些改善措施，所以原住民对其支持度较高。民进党上台后，为了削弱宋楚瑜的基础拓展自己的地盘，对原住民也有所笼络。

为了争取原住民的选票，陈水扁在台北市长任内就成立原住民事务委员会，把"总统府"前的大街改名为原住民色彩的"凯达格兰大道"，成立原住民文化园区。陈水扁上台后，利用执政地位，进一步增加原住民的福利政策，把邵族、葛玛兰族列为原住民族，推动通过原住民的"身份法"和"工作保障法"，通过55岁原住民老人津贴等。为了讨好原住民，民进党推动"原住民自治法"，同意原住民成立自治区，陈水扁声称"承认原住民的自然主权是天经地义的事"，甚至说与原住民之间的关系是"国与国的关系"。在花莲县长补选的过程中，民进党针对原住民，开了一大堆支票，民进党甚至提出原住民头目经费补助的政策，被认为是政策贿选。原住民选票向来是民进党的弱项，为此，民进党当局加强对原住民的宣传，2003年的宣传费预算，原住民族委员会名列第二，达3.2亿多元。

民进党的这些政策利多显然并没取信于原住民，面对岛内经济不景气，陈水扁的原住民福利政策几乎是杯水车薪。台湾媒体

① 台湾东森新闻网2003年9月25日。

披露，原住民中卑南族某部落的公主夫妻两人为生活所迫，到高雄市当环卫工人，从一个侧面反映了原住民真正需要的是长远的教育、文化与经济建设。

第三节 民进党的青年政策与青年动员

青年是台湾社会选民中的重要群体，在台湾地区的选民当中，20 岁到 45 岁的青年选民有 900 万人左右，占到全部选民的一半以上。其中 20—29 岁的青年有 387 万人，而每 4 年增加的新选民数约为 150 到 160 万人，因此，青年选票成为各个政党必须努力争取的对象。

争取青年选票是民进党成立以来的重要政策方向，青年较容易接受新生事物，民进党在推动台湾社会政治改革的过程中发展和成长，头顶“民主、改革、清廉、进步”的光环，相对于岛内其他政党，民进党在吸引青年选票方面具有一定的优势。1996 年，民进党中央专门设立了青年发展部，负责青年工作的推动与联系事宜，以及协助各地方党部办理吸收、组训青年党员事宜。事实上民进党青年部的工作重心仍在争取和稳固青年选票，包括青年组织的联系与服务、青年人才的培训、青年议题的推动，无不着眼于选举的票源拓展和动员考量，而在选举期间民进党青年部更是直接组织青年辅选队伍，成为岛内各项选举中重要的、引人注目的一支助选力量。

民进党成立以来，其青年政策和青年动员工作具有如下一些特色：

一、注重吸收和培训青年人才

民进党内的许多新生代政治人物在崭露头角之时年龄均在 30 岁上下。1994 年陈水扁参选台北市长，两个重要的选举幕僚罗文嘉和马永成均不足 30 岁，1966 年出生的罗文嘉担任台北市政务官时年仅 28 岁，民进党内的年轻女性如邱议莹当选中常委时年仅 27 岁，萧美琴当选"立委"时年仅 28 岁。民进党自称中央党部的党工平均年龄不到 32 岁。

民进党还注重培训年轻一代的政治人才，通过举办各种训练营的形式，吸收青年支持者，灌输和推销民进党的政治理念，并且有意识地从中选拔和培养青年人才。民进党青年部成立以后，在两年内的时间即举办了两届 10 多个梯次的"跨世纪新生代政治领袖营"，为民进党培训人才，播撒绿色种子。1998 年开始，民进党青年部办班培训"国会"助理，举办了四届 6 个梯次的"国会助理研习营"，近 400 人参加了培训，其中大部分青年接受培训后，担任"国会"助理，也有一部分成为民进党中央党部的党工，甚至担任民进党中央的一级主管。由于民进党大胆启用年轻人，为民进党注入一股青春活力，给民进党的活动带来不少创意，增强了民进党对于青年选民的吸引力。但是年轻一代缺乏社会经验，尤其缺乏管理和从事经济建设和商业活动的经验，这对于民进党执政后经济政策的拟定和执行带来不利影响。

二、动员青年支持者参与选举活动

民进党直接吸收青年支持者参与选举活动，成为民进党选战中活力十足、创意新颖的一支助选队伍。1997 年县市长选举中由青年支持者组成的辣妹助选团，成为选战中的焦点，具有相当的宣传轰动效应；1998 年组织青春忍者兵团，南下高雄为谢长廷助选；1999 年由当时的民进党青年部主任周奕成带领，成立“阿扁青春快递”，为云林县长补选造势；2000 年组织了“青年扁连”以及“阿扁同学会”，前者由 200 多个参加过选战营训练的青年组成，后者则广泛号召全台各地的 6000 多个青年支持者所组成，为陈水扁赢得 50%以上的青年选票打下了组织基础；2001 年县市长及“立委”选举期间，民进党青年部分北中南东 4 个区域组成 4 个“迷彩青年军”，为民进党开拓票源、赢得选举的胜利发挥了重要的作用。

青年一代有很强的可塑性，通过组织青年参加选举活动，活跃了选举的气氛，增强了选举的活力，扩大了选举的组织，为民进党吸收青年选票，吸收青年党员起了示范作用。青年一代政治意识形态并不强烈，更多地关心个人生活和个人发展，青年人参加选举活动，淡化了选战的意识形态对立，有利于促使民进党的政治转型。民进党的青年教战守则明确地指出了青年助选组织的作用：

“一、当候选人的形象公关：年轻就是活力，年轻人特有的活泼、热情与积极，可以塑造候选人另一番不同的个人形象；

二、活络候选人人气：各式各样的选举宣传活动此起彼落，可以传达选民我方源源不绝的参战精神，并借着选民的回应来拉抬候选人人气，影响选民心中候选人的排位顺序；

三、当候选人的宣传师：寻找适当消息放送点，如社区、学校、青年聚会场所，放送候选人的选举诉求，并可散播敌营耳语，破解我方耳语；

四、当各地竞选总部青年票源的幕僚：凡有任何竞选造势活动，青年军必呼朋引伴，从旁协助或直接进驻竞选总部成为智囊团”。

三、把青年政策作为施政的重要方面

陈水扁在选举和执政过程中特别注重针对青年一代的特点，发挥青年一代的政治作用，吸引年轻一代的支持者。1995 年 7 月，陈水扁为了拉近和年轻人之间的距离，在台北市举办青少年飙舞活动，成为一时的风潮。1997 年 2 月 2 日起，台北市推出青少年保护措施，柔性劝导深夜未归的青少年回家，使台北市的青少年犯罪率大幅下降，受到家长的欢迎。

在选举活动中，陈水扁的个人班底也主要由年轻一代组成，其中为外界所特别关注的核心是罗文嘉和马永成所组成的“罗马组合”。罗文嘉和马永成从陈水扁担任“立委”时起就是其个人助理，1994 年参与陈水扁竞选台北市长的选战，罗文嘉负责文宣，马永成负责组织，陈水扁胜选之后，罗马两人进入台北市政府担任政务官，成为陈水扁得力的左右手，权力核心的“哼哈二将”。1998 年，陈水扁参选连任台北市长的班底是福尔摩沙办公室，其成员当时大多才 28、29 岁，个别成员甚至才大学毕业。吸收年轻人担当竞选的骨干，既有活力、有创意，又能全身心投入，因为没有家累。为了吸引青年选票，陈水扁的竞选团队强调选举观念、选举文宣和选举空间的三大改革，还专门成立了“扁帽工厂”，作为青春、另类的竞选总部，把竞选总部设计成咖啡屋、书店的模样。为了扩大青年支持者的队伍，吸引更多的青年加入陈水扁的助选团队，陈水扁竞选阵营还开办“台北经验营”，吸引 100 位感兴趣的大专院校青年学子参加，由陈水扁的重要辅选干部李鸿禧、马永成、简锡阶、罗文嘉等讲授陈水扁在台北市的选举和执政经验，培养“希望种子”，进而发展成为陈水扁阵营在校园进行选举动员的基本力量。陈水扁本人也亲自参加“台北经验营”举办的晚会，与青年学生面对面座谈，拉近与青年之间的距离。1998年9月，盖洛普公司针对北高两市的年轻人所作的民调显示，在“哪一个政党最重视年轻人的心声”的答案中，29.8%的年轻人认为是民进党，15%认为是国民党，8.7%认为是新党，0.5%认为是“建国党”，12.7%认为各党都不重视，3 3.3%表示不知道或拒绝回答。可见民进党在台北市执政以后，在青年工作和争取青年选民方面取得一定的成效，罗文嘉认为年轻人的态度大幅改变，“其原因来自于民进党转型”。

四党对年轻人的重视程度（1998年9月盖洛普公司民调）

政党	认为重视年轻人的心声
国民党	15%
民进党	29.8%
新党	8.7%
“建国党”	0.5%
都不注重	12.7%
不知道、拒答	33.3%

2000年民进党在选举中提出“年轻领袖、活力台湾”的口号，陈水扁当选后，刻意模仿美国的白宫见习生制度，在各县市选拔青年进入“总统府”工作一年时间，2003年1月正式成立“总统府”青年工作团，以增长阅历、培养人才为借口，笼络社会

各界的优秀青年。民进党执政后，为了进一步汇集青年支持者，还向“内政部”正式申请成立台湾青年协会，作为民进党的外围群众组织。2003 年 2 月，陈水扁调整民进党中央组织人士，其亲信人马罗文嘉出掌民进党中央青年部主任，一方面是为了协助陈水扁稳定青年选票，另一方面是为陈水扁协调“党政府院”之间的关系。

由于台湾经济的不景气，台湾民众的实际收入下降，许多青年学生面临就学、就业和生活的困境，民进党当局为此推出调降学生贷款利率的政策，由原来的6.25%下降为3.5%。为了解决青年失业问题，台湾行政系统抛出“青年职场体验计划”，由当局出钱、企业出面录用 2000 名 18 到 29 岁的青年作为工作见习生，相关企业可获得补助每人每月 1 万元，为期 6 个月，而被录取的青年可领每月 8000 至 1 万元的见习津贴。2003 年 12 月，台湾“内政部营建署”将青年购屋低利贷款优惠利率由年息2.125厘调降为年息1.55厘。

四、支持扩大青年及学生的参政权

为了吸收青年选票，民进党提出“18 岁公民权”的主张，推动“18 岁公民权运动”。依据台湾相关法规，只有年满 20 岁才享有选举权，年满 23 岁才享有被选举权。民进党认为世界上多数国家均规定年满 18 岁即享有公民权，台湾应当顺应世界潮流。为此，民进党将党员入党年龄规定为 18 岁，1992 年民进党“国代”刘一德等提出 18 岁公民权的“修宪案”，1996 年民进党青年发展部正式推动“18 岁公民权运动”，1999 年“18 岁公民权”正式成为民进党中央的党版“修宪案”，主张“年满 18 岁者，有依法选举之权”，陈水扁还将“18岁公民权”列为“总统”竞选的政见之一。2003年9月陈水扁又将“18岁公民权”列为“催生新宪法”的重点内容之一。另外，台湾选举法规规定“现在学校肄业学生”不得登记为候选人，民进党支持开放学生参选权，要求取消选举法规对于学生参选的限制。

民进党推动“18岁公民权”大事记

1992年　民进党“国代”刘一德等人，在“国民大会”中提出18岁公民权“修宪案”。

1996年　因民进党中央党部青年发展部的推动，经民进党中常会通过，“18岁公民权”成为民进党“立院党团”提案。

1999年　“18岁公民权”正式成为民进党中央的“党版修宪案”。民进党“党版修宪案”第12条主张，“国民年满十八岁者，有依法选举之权，不受宪法第一百三十条之限制”。

2000年　陈水扁在竞选时，推动“18岁公民权”政策。

2001年　民进党选战会报通过成为“立委”选举的共同政见。

2002年　民进党提出“18岁公民权”“党版修宪案”。

2002年　民进党中常会通过全力推动“18岁公民权”“修宪案”。

2003年　陈水扁将“18岁公民权”列为“新宪法”的重点之一。

五、民进党在青年学生中的支持优势已经明显丧失

1998年9月，盖洛普公司的民调结果显示，有52%的青年选民认为当前最迫切的问题是社会治安，在具体的政见问题上，21%的青年选民认为候选人首要关心的议题应当是治安，这反映了青年对于台湾社会强烈的不安全感。青年选民“求新求变”，支持社会改革，因此民进党的青年政策得到台湾多数青年的认同。但是民进党执政以后，由于台湾当局施政成效不佳，在青年选民中的满意率有所下降，2001年台湾政治大学新闻学系学生针对台北县市8所大学院校所作的民调显示，30.6%的学生表示倾向于支持民进党，10.3%表示支持亲民党，6.3%表示支持国民党，1.2%表示支持新党，0.3%表示支持“建国党”，0.6%支持其他政党，而49.9%表示不支持任何政党。虽然几乎半数的青年学生是不具有政党倾向的中间选民，然而在心有所属的青年学生中，民进党仍然是这些青年的最爱，这与民进党长期所标榜的“民主、改革、本土”形象不无关系，当然也与民进党在青年动员中体现出的活泼、创意有关。

在青年选民中，20—24岁的青年是过去4年以来才具有选举权的新选民，以在校大学生为主要代表，其中几乎一半是中间选民。在校学生由于经历单纯，充满理想主义，崇尚陈水扁式的个人奋斗历程，具有较为强烈的要求社会政治改革的倾向，比较容易受到政治议题的感染，因此在选举中对于统独政治议题是较为敏感的。在2000年大选中，20—24岁的青年学生曾经是陈水扁的狂热支持者，民进党执政以后，陈水扁在青年学生中的支持度

大幅下降，民进党不断打“政治牌”的重要目的之一正是企图争取新选民的支持。随着年龄的增长，青年选民经过一定的社会历练，感受到民进党执政所带来的经济不景气，不得不经历就业、工作和生活的困境，几乎共同面临普遍的“三高”问题：消费高、负债高、失业率高，他们对于选举议题的关注开始转变。台湾许多民调均显示30岁以下的年青一代最为关注的是社会治安，31—40岁的民众最为关注的是教育，统独并非青年选民所关注的首要问题。台湾青年选民大部分受教育程度较高，自主性较强，投票行为相对理性，民调显示，20—29岁的青年目前对于国、民两党的认同度不相上下，在校大学生对“连宋配”和“陈吕配”的支持度是旗鼓相当。2003年12月，台湾淡江大学的在校学生曾经在校园内举办过一次“总统”选举假投票，结果显示，在投票的1096人，“扁吕配”获得523票，险胜“连宋配”的513票，另有60张废票。

青年选票是民进党能否胜选的关键，青年选民求新求变，对民进党的期待较高，但是民进党执政以来，在青年选民中的优势已经大幅下跌，为了吸引青年选民的支持，尤其是近160万新选民的支持，民进党投入大量的人力和物力，举办活动，展现创意，争取认同。为此，陈水扁和“陆委会主委”蔡英文亲自出马，参加校园举办的“台湾之子青春梦”活动；民进党青年部还分别在全台北中南东部等划分6个地区，安排陈水扁和高铁董事长殷琪、游戏橘子执行长刘柏园、自然生态作家廖鸿基和所谓的“外交青年志工”代表等，与校园中的青年学生面对面座谈，宣扬民进党的政治理念，与泛蓝抢夺青年选票；陈水扁还在每周一期的电子报中大谈看漫画、玩游戏，以迎合年轻人的口味，提出“要玩就要玩得比别人出色，玩出一番天地来”。面对岛内经济不景气，青年学生毕业后工作难找、生活艰难的状况，陈水扁提出“将相本无种，男儿当自强”，宣称“台湾是充满机会的地方，只要肯努力，长工之子也可以做总统；他能，任何人也一定能”。2003年3月，陈水扁在玉山官邸举办名为“青春下午茶/阿扁与青年朋友有约”的座谈会，邀请30多位“总统府”青年工作团成员和大学学生一起座谈，陈水扁大谈所谓的个人“人生经验”，鼓吹“敢梦的心加上两倍努力加上三倍的行动就等于百分之百幸福”的“幸福方程式”。

针对青年选民中上网人数较多的特点，民进党青年部开设“i Party”网站，民进党网络小组在网络设计方面下足了功夫，体现新奇性与特异性，在网络上叫卖选举纪念品，网民可以选择购买民进党新推出的第三代“扁帽”系列产品，包括衣服、帽子、文具、玩偶、杯具、吊饰等六类；为了争取网络一族，还推出长篇网络动画，开放网友自己办报，发表意见；甚至推出“快扁HOLY爽”的游戏，让网友拿着小锤子敲打漫画陈水扁的头，打得越快、敲得越多，得分越高，其目的是让不满陈水扁的网友有一个发泄的渠道。民进党青年部还在网上推广成立“水龙头俱乐部”，吸收支持者加入俱乐部。民进党青年部副主任林俊佑认为，网络一族普遍学历较高、集中在都会地区，对现状比较容易不满，执政者的支持度在这个族群中偏低其实是可以预期的。民进党还在各大学网站成立认同民进党理念的“网聚”，形成陈水扁的“网络后援会”，在BBS网站与泛蓝的支持者论战，同时宣传民进党的政治理念。

虽然蓝绿两大阵营都把新选民的青年选票作为兵家必争之地，有意识地积极介入校园活动，或者赞助活动经费，但由于青年学生政治立场各不相同，许多学生干部均不愿政治力量过多地介入校园活动，学校也都尽可能地采取中立姿态，甚至要求教师上课回避敏感的政治话题。民进党具有执政优势，台湾各类公私大学必须听命于“教育部”，民进党政治人物利用各种管道介入校园，学校不得不采取低调姿态，而学生的反应则更加冷淡。除少数有志于从政的学生是主动投入竞选活动，多数学生对于参加选情激烈的竞选活动并不感兴趣，但是对于参加较为中性的活动如电话民调、发文宣品、游行造势等则较有兴趣，主要是抱着打工的心态参加。因为竞选活动每小时工资为新台币 100 元还提供便当，比商业市场每小时 65 至 80 元的工资高，参加一天就有几百元或上千元的收入。

第七章　民进党选举经费的来源

与拥有庞大党产的国民党相比，民进党自成立以来即处于财政困难中。长期以来，台湾的工商界与国民党的关系紧密，国民党政权代表了大地主大资产阶级的利益，以党营事业为核心，与岛内大财团相互结合，形成了“黑金政治”和“金权政治”的弊病。20 世纪 70 年代末开始，台湾党外运动的兴起，得到岛内外本省籍的部分中小企业的暗中支持。民进党成立以后，特别是随着民进党当选公职人员的增多，许多中小企业公开支持民进党，少数大企业大财团出于政治投资的考虑，在维持与国民党关系的同时建立了与民进党的联系，向民进党提供政治献金，捐献选举经费。

第一节　民进党募款制度与选举经费

民进党的政党经费来源包括党员党费、“政府”的政党补助款、党职公职人员分担金、提名公职人员竞选费用补贴款、政党比例代表责任款、中央常务执行委员会决议的应缴款项、募款、捐款及其他收入。其中党费、“政府”补助及募款是三项主要来源，民进党成立之初党员人数不多，党费有限，同时工商企业界的捐款大多出于人情因素及利益投资考虑流向民进党内的候选人。虽然民进党中央依法每年可以领取1.8亿多元的政党补助金，但仍然入不敷出，不够支付党中央日益庞大的经费开销。

每年1月1日至31日，民进党党员须缴纳常年党费300元，由县市党部负责征收，也可以授权乡镇市区党部代收。所收得费用由各级党部按比例分配，其中乡镇市区党部为60%，县市党部为30%，中央党部为10%。

为分担党部每年上亿元开支，民进党在野时，就设计了一套层次分明的党职公职责任分担金及选举分担金集资方式。依据民进党财务管理条例的规定，中常委每年要缴交5万元的责任分担金；中执委、中评委以及“总统、副总统”每年要缴交3万元的责任分担金；“立委”、北高市长、北高市议员、县市长每年要缴交2万元的责任分担金；县市党部执委、评委、县市议员、乡镇市长每年要缴交1万元给县市党部；乡镇市区党部执委、评委、乡镇市民代表、村里长每年缴交5000元给乡镇市区党部。前三类责任分担金都缴交给中央党部。既有党职又有公职的人员，依就高不就低的原则，以缴款额较高的为标准。党职公职人员分担金在每年的1月31日前缴纳，逾期未交的人都必须采取停权处分，暂停党内一切权利，补缴后30天才自动恢复权利，补缴的每月还需加收5%的滞纳金。

如果碰到选举，民进党公职人员还得再缴交选举募款金，党籍县市长、中常委、中执委每年必须上缴100万元，“立委”必须上缴30万元。2002年北高市长选举前，民进党中常会还订出“正副总统”等党籍“府院”6巨头“募款责任额”，规定“总统”须募款800万元，“副总统”及党主席、财务长均为500万元，“行政院长”为150万元，秘书长层级为100万元，副秘书长层级为 50 万元。民进党募款制度使得党内一些政治人物叫苦不迭，吕秀莲曾经抱怨："只有要钱的时候会想起副总统"。民进党"立委"也形容"担任民进党公职，好比一只牛要被剥好几层皮"，不但要交钱给中央党部，县市党部甚至乡镇党部都会要求公职人员分担部分募款金，各级公职人员当选后的竞选费用补贴款也必须缴交 1/3 给各级党部，如"中央选举委员会"补助"立委"的选票每票 30 元经费，必须上缴党中央 10 元。

党外时期民进党政治人物参选几乎没有经费来源和支持，完全依赖于经济节约的政治文宣战进行选举。个别党外人士如黄信介、吴乃仁等家庭较为富裕，成为党外人士参选的重要经济支柱。1978年，"台湾党外人士助选团"成立，助选团总联络处设立的经费全部都由黄信介负担。家境富裕的吴乃仁号称党外时期的"孟尝君"，提供"党外分子"选举及其他政治活动的经费。民进党成立初期仍然依赖党内人士的支助，如 1988 年黄信介甫一上任党主席，即捐了 300 万给民进党中央党部。

募款餐会也是党外人士募集选举经费的重要来源，党外人士依赖热心人士的义捐取得政治活动的经济基础。民进党执政以前，因坚持环保、反黑金等主张，被质疑具有"反商"情结；同时民进党的"台独"理念也引起工商界的疑虑，因此，民进党与工商界关系较为疏远。只有极少数主张"台独"的工商界人士与民进党关系密切，有些人从党外运动或海外"台独"活动时期就开始资助民进党政治人物的活动。其中包括继承辜家部分财产的辜宽敏，早于 60 年代就在日本支持和从事"台独"活动；明治公司董事长方仁惠；长期在美国从事"台独"活动和经营科技产业，担任过"世台会"会长的陈都；在美国休斯敦经营旅馆、制药业的蔡铭禄；在美国经营珠宝生意的黄文局等人。这些工商界的中小企业主，从民进党成立的初期开始就资助过民进党成员参选公职，是民进党的“金主”，与民进党内的政治人物保持着密切的私人关系。只有极少数的本土大资本家，如诚泰银行董事长林诚一与成立初期的民进党关系密切。

民进党虽然拥有少数工商界大企业的政治捐款，但往往被要求保密，不能公开身份。民进党为了能得到工商界的支持，为执政做准备，在发展过程中有意识地经营政商关系。1998年民进党社发部制订专案计划，成立“因应台湾经济景气低迷五人小组”，由吴乃仁、余政宪、柯建铭、陈哲男、张俊雄5人所组成，广泛邀请企业界的人士交换意见，编织民进党的政商关系网络。民进党成立以后，许多政治人物利用参选公职积累的政治和经济资源，一边从政一边经营个人事业。横跨政商两栖的政治人物在从政和经商两方面相互支持，一方面利用公职地位谋取经济利益，另一方面累积经济资源为参选公职铺平道路，将经营获利倾注选举经费，特别是投资和插手媒体，不仅获利可观，而且直接掌控宣传和选举机器。如民进党“立委”张俊宏很早就开始经营媒体，是前任台湾环球电视及全民电通投资公司董事长。号称“蔡公投”的民进党“立委”蔡同荣则是民视董事长。

2002年2月11日，台湾“行政院新闻局”公布公职人员参与电子媒体经营的清查结果，共有67位选任的公职人员担任董监事、经理人或股东、发起人，其中民进党籍有30人，占45%左右。[①] 有些横跨政商两栖的民进党政治人物在商业利益上与国民党相互交错，盘根错节，甚至在党内发展成地方派系性质的政商家族，如高雄县余家班。在2002年底高雄市长竞选过程中揭露出来的新瑞都开发案，涉及国民党及民进党双方的政商人物。号称

① 台湾《中国时报》2003年2月12日。

“中霸天”的长亿集团总裁扬天生是国民党台中县“立委”，而民进党台中县“立委”简肇栋的哥哥简肇涵是长亿集团的总经理。国民党新竹县“立委”邱镜淳曾是台湾日光灯的董事长，而民进党“立委”林重谟、蔡启芳则是其董事。加入民进党的嘉义县“立委”张花冠，其丈夫曾振农长期以来是国民党地方派系的代表人物。

民进党候选人的选举经费来源主要依赖支持者自发性的小额捐款，一般以新台币 1 万、2 万的额度较为常见，但在经济景气的情况下，10 万或 20 万元额度的捐款也不少见。接受小额捐款可以避免政治人物背上大财团的人情债，同时也是社会动员的重要形式。而个人选举经费的筹集除了中小企业及其他社会各界的捐款，小额捐款的筹集大多依赖举办募款餐会和义卖会。参加募款餐会的人被要求购买餐券，每张分为 1000 至 2000 元左右，同时，募款餐会常以文艺节目如布袋戏、名嘴演讲等作为号召和助兴。1998 年陈水扁为了参选连任台北市长，在 11 月 7 日、8 日举办过两场名为“迈向 21 世纪的捷运快餐车”的募款餐会，两场募款餐会分别席开 1600 桌及 1500 桌，吸引 2 万多人参加，一张餐券售价 1000 元，餐券收入加入现场拍卖艺术品所得总计大约有 3000 万元的收入，是陈水扁选举经费的重要财源之一。两场募款餐会分别以“捷运之夜”以及“县市长体验捷运之夜”为主题，陈水扁阵营的名嘴及民进党各县市长齐聚一堂，为陈水扁的政策背书，既宣传政绩，又筹集捐款。同时还义卖艺术家的画作及雕塑作品，以及陈水扁亲笔签名的大型海报。随着民进党执政，其募款餐券的价额也水涨船高，从 1 万元一张到 10 万元一张均有。2003 年 12 月 14 日陈水扁台南市竞选总部成立，民进党台南市党部及陈水扁竞选总部举办一场名为“欣荣餐会”的募款餐会，由于10万元一张的餐券实在不容易推销，使得部分负责推销的台南市民进党公职人员暗暗叫苦，有人抱怨“吃一顿饭要花10万元，实在太贵了”。

一般募款餐会的同时也举办义卖会，以义卖书籍、字画及其他艺术品的比较常见，但也有民进党政治人物将具有历史纪念意义物品如照片等拿来义卖。如施明德曾经在民进党候选人的义卖会上将“中华民国身份证”拍卖了3万元，还将在绿岛吃饭的两张粮票拿来拍卖，陈水扁则曾经在义卖场上唱歌拍卖。2002年台北市长选举过程中，陈水扁的夫人吴淑珍在民进党候选人李应元的募款餐会上，捐出“前监察院长”黄尊秋送给她的、已经随身佩带15年的珠宝，替李应元募得500万元，然而随即该珠宝又被捐回给吴淑珍本人。民进党的支持者除了捐钱款的，也有捐助实物的。民进党的蔡明宪参选台中市“立委”的过程中还收到过支持者捐献的自产20箱排球。

台湾政治人物在选举期间吸纳政治献金的另一个重要渠道是成立形形色色的基金会，基金会以从事公益事业为名，只要没有营利行为，台湾的税务单位无权查税，基金会的收支也不必纳入公职人员的财产申报体系。基金会往往成为台湾政治人物避税、洗钱、掩盖金权关系、黑金政治的有利工具。民进党由于没有党产，其政治人物更多地利用基金会规避法律监管的有利条件，以不露痕迹，而且表面合法的方式，大量地吸纳政治献金，通过举办所谓的“文教活动”、“公益活动”等宣扬个人政见、提高自身的知名度。然而政治人物的基金会，由于其财产来源、捐献来源无法明确交代，社会各界更加难以了解基金会内部的财务结构，因此，基金会制度受到台湾社会各界的质疑，政治人物的基金会违背了公开、透明、清廉的原则。

陈水扁当选台北市长后，也开始利用基金会积极经营政商关系，打通金权命脉，他主要是通过福尔摩沙基金会及其外围组织福尔摩沙之友联谊会联系工商界人士及社团。福尔摩沙之友联谊会成立于1995年，以支持陈水扁的北门扶轮社社员为基础，成员300人，每年固定缴纳会费3万元作为福尔摩沙基金会的基金。选举时福尔摩沙联谊会扮演陈水扁“金库”的角色，既是财务单位也是动员单位，是陈水扁联系中小企业界的金脉。创会会长是东升金属、科见贸易董事长洪登科，陈水扁任台北市长期间，曾被提拔任台北银行董事，也曾是1994年陈水扁选市长、陈定南选省长与1996年彭明敏选“总统”时的财务负责人。福尔摩沙联谊会会长每两年改选一次，洪登科之后，同成电机公司董事长陈秀雄连任两届4年会长，陈水扁当局上台后出任华南银行董事。新一任会长是泰宇广告董事长黄诚。陈水扁就任“总统”后，福尔摩沙联谊会为避嫌，活动较为低调。

陈水扁在台北市长任内还通过台北市文化基金会接受企业界的赞助，为陈水扁主政的台北市政府募集社会文化活动的款项，包括撰写文化政策白皮书；设立奖助学金、文学奖；举办台北艺术节、灯节、电影节、音乐会、培训班等大型活动。台北市文化基金会当时由陈水扁的亲信罗文嘉担任执行长，该基金会成为既是陈水扁联系工商企业界、募集捐款的重要窗口，也是陈水扁进行社会动员、举办文化活动的重要组织。据台北市文化基金会公布的1995年度至1998年3月底的捐款明细账目，在此期间曾接受捐款金额高达9700多万元①。台湾的大型企业，如义美食品、霖园关系企业、统一企业、富邦集团、和信集团等都曾捐助陈水扁的台北市文化基金会开展活动。

① 台湾《新新闻》583期，1998年5月，第38页。

陈水扁在1998年参选的过程中还充分利用"政治明星"的效应，将商业行销的手法运用于政治行销，开办"扁帽工厂"，生产"扁帽"系列产品，从扁帽、T恤、背包、夹克、鼠标垫、原子笔到便条纸，应有尽有，号称"扁帽族"，在各竞选总部和演讲现场设摊叫卖。除了夹克定价700元，其他商品均为一两百元，由于价格便宜，具有纪念价值，一时成为销路广泛的流行商品，造就了一批戴着"扁帽"，穿着T恤的所谓"扁迷"。仅100元一顶的"扁帽"即售出几万顶，记者凭证还有6折优惠。选前5天，陈水扁阵营推出一万本限量收藏的笔记本，一本500元，5天之内全数卖光，可见后势惊人。陈水扁可谓生财有道，扁帽系列产品成为陈水扁参选连任台北市长的6个分区竞选总部的主要经费来源。

2000年选举陈水扁竞选经费

收支总类	数目（单位：新台币元）
"总统"候选人自备经费	3500000
"副总统"候选人自备经费	0
捐助收入	948954697
收入总计	952454697
支出总计	949583922
余额	2870775

注：支出总计包含宣传、竞选办事处、集会、交通、杂支等项目。

资料来源：台湾《新新闻》842期。

在岛内各项选举中，候选人在选举中的实际花费大幅地超出了选举法规所确定的最高竞选经费额度。2000年选举，台湾"中选会"公告的同一组候选人的法定最高竞选经费为3亿1150万8000元，当时陈水扁的大掌柜林文渊执掌选举财务，林文渊自称民进党的竞选经费仅花新台币10亿元，其中竞选文宣经费就花了

4.5亿元。2004年台湾地区领导人选举民进党更是砸下大笔经费，投入文宣、组织、动员、活动等各方面。2003年10月，民进党辅选会议决定初期投入1亿元电视文宣费用，不包括平面报纸广告、传单等经费。而民进党举办2003年“9·28”党庆花费了200万，“10·25”公投游行与晚会花费了3000多万。2000年陈水扁上台后，作为竞选动员与募款组织的“扁帽工厂”曾经结束营业。2004年“总统”选举前，民进党曾经在内部衡量是否再次推出选举商品，但是因各地竞选总部募款需求强烈，于是再次推出扁帽系列的选举商品，由“扁帽工厂”以成本价批发给各地的竞选总部，出售后的利润归各地竞选总部作为选举经费。此次的竞选商品由民进党的网络小组设计，推出“扁帽工厂”的第三代产品，包括狗领巾、扁娃、围巾等11种商品，仍取名“扁帽一族”。

第二节　执政后民进党与工商界的关系

在西方民主制度中，选举是民主的重要表现形式，是政党取得执政权和政治人物担任公职的重要渠道，然而在台湾，选举不仅仅是争取政治地位的过程，而且是政治人物聚敛财富的重要手段。在竞选过程中，政治人物可以合法接受政治捐款；选举结束，又可以获得竞选经费补助。政治人物当选之后，往往成立各种形式的基金会，以兴办文教活动等名义，通过募款以补贴文宣活动和竞选组织的开支。选举的过程实际上是政商结合的过程。由于台湾政治制度的固有形态，政商勾结是难以消除的社会弊病。民进党执政以后，岛内政商关系重新洗牌，许多大企业大财团出于商业利益考虑，纷纷向民进党当局靠拢。民进党当局也逐渐与大财团相互结合，被舆论界评论为是“白金政治”的发展趋势。

一、陈水扁的“国政顾问团”

陈水扁参选“总统”过程中得到部分大财团和工商界人物的公开支持，其中长荣集团董事长张荣发、大陆工程公司董事长殷琪、奇美集团董事长许文龙、宏基集团董事长施振荣、义美集团总经理高志明、玉山银行董事长林钟雄、中华汽车副董事长林信义等，被陈水扁聘为“国政顾问团”成员。“国政顾问团”的组成为民进党结合大企业大财团势力奠定了政治基础。陈水扁当选后，不仅顾问团成员通通有赏，而且进一步拉拢不少财团老板，封授以显赫的头衔。一是“总统府资政”，包括了张建邦、辜振甫、张荣发、许文龙、陈田锚、蔡万霖、林荣三、蔡万才、辜宽敏等人；二是“国策顾问”，包括扬金海、黄清贤、林钟雄、施振荣、高志明、辜濂松、黄昆虎、刘泰英、曹兴诚、方仁惠、林诚一、王又曾、林坤钟、李成家、陈河东、戴胜通等人；三是“总统府无给职顾问”，如殷琪、张忠谋、朱敬一等人。支持民进党和陈水扁的工商界人物，在民进党上台后得到台湾当局的信任和重用，林信义先被任命为“经济部长”、后升为“行政院副院长”，林钟雄则坐上证券交易所董事长的宝座，张荣发女婿郑深池则出任交通银行董事长。原由台湾综合研究院负责聘用的美国卡西迪公关公司，由林诚一成立的台湾研究所承接。陈水扁当选后，原支持国民党的一些工商界人士也向民进党执政当局靠拢，如原中华开发总经理胡定吾、台湾大哥大董事长孙道存、新光集团董事长吴东进等人。

台湾工商企业界拥有“选票”与“钞票”，支持动向备受瞩目。虽然2000年选举过程中，有些企业界人士大张旗鼓地介入选举，公开表态支持某个政党，但是民进党执政4年导致台湾经济景气下滑，直接危及工商企业界的生存，同时由于2004年选举蓝绿双方旗鼓相当，难以判断输赢，所以工商企业界大多低调应对，由公开表态转为暗中支持或两边押宝。国民党还有意透露上届选举公开挺扁的台湾高铁董事长殷琪、长荣集团董事长张荣发曾先后宴请国民党主席连战，因此，一般认为，2004年的选举不会再出现重量级工商界人士力挺某组候选人的情况。

二、刻意扶持新三大工商团体

台湾原有代表企业龙头的三大工商团体，即工商协进会（理事长辜濂松）、工业总会（理事长林坤钟）、商业总会（理事长王令麟），这三大工商团体长期以来均为国民党所控制，其理事长通常成为国民党中常委人选，其中工商协进会理事长辜濂松，以及前任工业总会理事长高清愿和商业总会理事长王又曾现仍是国民党中常委。陈水扁执政后，有意削弱这三大工商团体的影响力，刻意扶持新三大工商团体，即中小企业协会，其理事长为戴胜通；工业协进会，全称为“中华民国”工业协进会，2001年5月21日成立，原为工业总会的下属的“台湾省工业会”，下设各县市工业会，理事长为李成家；台湾区电机电子公会，原属工业总会，理事长许胜雄，系金宝集团董事长，当选电电工会理事长后，即被任命为“经济部”所属财团法人中国生产力中心董事长。

扶轮社、狮子会、同济会及青商会向来被民进党视为联系工商界的四大社团，保持着密切联系，陈水扁本人就是扶轮社成员。民进党执政后，把主要联系和动员对象放在中小企业，通过中小企业协会的安排，由民进党当局出面与中小企业主座谈，了解中小企业的需求。民进党中央社发部成立，由中小企业组成的台湾活力旺企业协会，其下也设有台商组，以拉拢台商票。民进党当局还利用过年过节之机与台商座谈、聚餐。游锡堃向台商表示："台商像媳妇，政府是娘家"，"只有娘家强，媳妇才不会被欺负"。民进党还放宽台商政策，允许台商回台设立总部，借此削弱泛蓝阵营在台商中的传统支持优势。

三、以"台湾智库"等为依托经营政商关系

2001 年 12 月 30 日，被称为"首席财经国师"的林钟雄发起，由殷琪、许文龙、蔡宏图、许胜雄、骆锦明（台湾工业银行总经理）、高志尚（义美集团副董事长）等捐助的"台湾智库"成立，网罗了民进党内的新生代，成为陈水扁结合产、官、学界力量的专属智库。"台湾智库"的董事长是前"经建会主委"陈博志，发言人是台大管理学院院长柯承恩。"台湾智库"就不同的议题展开讨论，为民进党施政提出建议及参考意见，是陈水扁当局的重要咨询对象。事实上，"台湾智库"不仅是陈水扁的重要咨询机构，更是陈水扁结合政商关系，谋取连任的政经基础。除台湾智库外，陈水扁当局的财经决策咨询对象来自各个方面，如"中华经济研究院"、台湾经济研究院、台湾综合研究院及金融研究院等智库，都会定期向陈水扁简报经济形势。2000 年底成立的"民间知识经济社会推动委员会"，由 23 位产业、学界人士组成，以台经院院长吴荣义为发起人，陈水扁为荣誉召集人，成为陈水扁收编财经人脉，拉拢民间企业的渠道。

号称"童军团长"的马永成是陈水扁联系工商界的重要管道，协助陈水扁经营政商关系网络，还为陈水扁掌握公营事业单位的

人事安排。陈水扁与商界的私人会晤，往往都带着马永成出席，马永成因此结识许多大资本家的第二代，建立了深厚的私人关系。辜家和信集团的辜成允、辜仲谅，蔡家富邦集团蔡明忠、蔡明兴兄弟，蔡家国泰人寿蔡宏图、蔡镇宇兄弟，新光集团吴东亮等企业界第二代人物，以及大陆工程总经理殷琪，台湾大哥大孙道存、诚品书店董事长吴清友、义美食品副董事长高志尚、微风广场三侨企业董事长廖伟志、寒舍老板蔡辰洋等人，与马永成都有不错的交情。另外金融界的陈建隆、郑深池、陈国和（日盛金控董事长）、胡定吾、林宗勇（中国商银董事长）、陈冲（证交所董事长）等，也与马永成有不错的私交。

四、绿化公营事业

民进党执政以后，党内人马纷纷绿化公营事业单位，陈水扁当局安排亲信掌控经济资源，形成了一股新的政商关系势力。陈水扁上台后，前台北市自来水事业处处长林文渊出任“经济部国营会副主委”，代表陈水扁掌控 8 万公营事业的大军，其后又先后出面执掌公营企业台电和“中钢”。其他出掌公营企业的民进党政治人物包括：民进党前“立委”刘进兴出任中油公司董事长。正义连线的前“立委”戴振耀出任台肥公司董事长。前台北市自来水事业处主任秘书沈明峰出任中兴纸业董事长。与民进党关系密切的社团人本基金会董事长朱台翔出任广电基金董事，台权会会长林峰正出任广电基金监事。曾在陈水扁任台北市长时即被任命为台北银行董事的王应杰，在陈水扁当选“总统”后被任命为中小企业信用保护基金董事长。前台北市工务局长许瑞峰、前民进党“国代”黄昭凯分别被任命为中华顾问工程司董事长和副董事长。常为陈水扁竞选晚会当主持人的苏治芬被任命为中华电信子公司美台电讯的董事长，后又当选云林县“立委”。

绿化过程是陈水扁安插亲信的手段，也是陈水扁论功行赏的手法。曾在美国洛克威尔国际集团工作的陈建隆，谢长廷当选高雄市长后被力邀回台出任高雄银行董事长，为陈水扁竞选在美国募集资金有功，陈水扁上台后即转任第一银行董事长，被认为是“绿色金融家”。其夫人宗才怡，曾任官办的华航总经理，后出任“经济部长”，但因业务生疏，被迫去职，又被任命为官办的圆山饭店董事长。从“中钢”出走的郭炎土通过“总统”选举时支持陈水扁、现为“总统府国策顾问”的台南养鸡大王黄昆虎居中运作，得到“中钢”董事长宝座，后因对民进党配合度不够，为前台电董事长林文渊所取代。曾为陈水扁竞选市长经营“扁帽工厂”的罗胜顺，是长期照顾吴淑珍的“罗太太”的先生，被任命为“中华纸浆公司”董事长。前民进党秘书长吴乃仁出任台糖董事长。台盐公司则由前民进党“立委”郑宝清出任董事长。亲民党主席宋楚瑜为此送给民进党一幅讥讽对联，上联是“糖也吃盐也吃甜咸不忌”，下联是“大也要小也要大小通吃”，横批是“政党轮替”。

民进党执政后公营事业绿化一览表

事业	人物	上任经过	经营状况
台糖	2002.4 吴乃仁	原为民进党秘书长空降出任台糖董事长。	2002年营收不如预期，今年加强业内、业外合作，并加速民营化。
台盐	2002.3 郑宝清	曾任“立委”，“府院”拉余光华下马，改由郑担任董事长。	开发美容、沐浴产品，迈向民营化，年底上市。

续表

事业	人物	上任经过	经营状况
中油	2002.6 郭进财	原为前震旦集团总裁郭进财，内定掌中油，中油工会反弹。	有获利，直营、加盟加油站皆有增加。
中钢	2001.8 郭炎土 2002.12 林文渊	李登辉支持，郭炎土掌中钢，后扁李交恶，郭黯然离开。 林文渊原任"国营会"副主委，2002年扁在南部基本盘松动之际，林文渊掌中钢董座。	获利甚丰，林文渊发豪语表示，2004年要赚400亿元。
台湾烟酒公司	2002.10 黄营杉	原为台北大学商学院院长，2002年7月入民进党，10月中旬就被任命为烟酒公司董事长。	上任后爆发假米酒事件，黄营杉灰头土脸。
台电	2002.5 林能白	原台大工商管理学系教授，在台电限电风暴中接任董事长。	励行成本控管，2002年提前达成法定盈余目标，多出百亿元盈余。
唐荣	2002.7 刘宪同	刘宪同曾任"立委"，由蓝营投效绿营，地方派系财团色彩浓厚。	将亏损部门结束营运，只留下不锈钢厂，转亏为盈，预估2003年创造12亿元以上的盈余。
中船	2002.7 徐强	原为成功大学工业管理研究所教授。	裁员减薪，转亏为盈。
中华电信	2003.8 贺陈旦	原董事长毛治国转任"行政院"有给职顾问，贺陈旦获扁信任出掌中华电信。	推动中华电信释股，并提升中华电信的竞争力。
第一金控、第一银行	2000.6 陈建隆	绿色色彩浓厚，原为高银董事长，第一金控发行GDR争议，陈建隆去职。	一上任就大刀阔斧进行改革，并首创台湾首宗以竞价方式出售该行不良债权，招致不少争议。
交通银行	2001.7 郑深池	郑深池原为长荣集团副总裁，掌交通银行时驳斥绿化说。	短短一年多，交银摇身变为资产上兆元的兆丰金控，并适时扮演救火员角色。

资料来源：台湾联合新闻网2003年8月22日。

五、党内各派系、各政治人物纷纷经营政商关系

民进党执政后，党内各派系也积极经营政商关系，新潮流系即成立“产经建研社”加强与工商界的联系。游锡堃任“行政院长”后，台北市宜兰同乡会（荣誉理事长张荣发）、兰阳同协会也结合了许多工商界人士成为“新内阁”的支持力量。

民进党许多政治人物利用执政的有利时机和有利的政治地位，或以个人名义、或以配偶及其他亲属的名义投资事业。如“公共工程委员会主委”林能白，其妻洪素珍投资1000多万元入股“兴隆发电子公司”；“新闻局长”苏政平与其妻子共同投资嘉泰公司，参与分红；游锡堃的妻子杨宝玉投资“宜电电池科技公司”，游锡堃本人也投资一家数位通讯科技公司，并曾担任几天的董事长；“交通部政务次长”贺陈旦则投资其内弟开设的“盛门建设公司”。民进党不分区“立委”陈胜宏是阳信商银董事长，同时投资保险、营造业。

第八章　执政资源的运用

民进党上台之后，“一朝权在握，便把令来行”，极尽各种手段，什么染指媒体、“绿化”、动员入党、开办凯达格兰学校、打击分化收编泛蓝地方派系、政策买票等等，是把这些作为在各类选举中自己巩固执政地位的法宝，为的就是扩大民进党的地盘，为陈水扁在下一次大选连任创造机会和取得优势。

第一节　利用各种方式企图掌控媒体及塑造形象

陈水扁上台之后，采取了各种软硬兼施的方式企图对媒体有所控制。

在2000年“总统”大选期间，关注媒体公正的人士成立了“无线电视民主化联盟”，其中的一些成员为陈水扁的竞选撰写了《传播媒体白皮书》，提出了“无线台公共化”的政策，主张推动台湾无线电视的结构化改造，使政治淡出对电视媒体的干预。但陈水扁上台后，并没有兑现这样的政策承诺，即退出对官股仍然有控制权的电视台的运作，却继承了国民党的做法，甚至以政治酬佣的方式大肆任命自己的人马。一大批亲绿的人士通过人事任命执掌了这些公营媒体，很多任命都引起了舆论的轩然大波，其中以李登辉女婿赖国洲的任命为最。而原本拥宋的《台湾新闻报》在陈水扁当局的运作下，迅速变脸挺扁，成为立场转变最明显的报纸。

为了控制其他民营媒体，新当局不仅通过绿化了的金融机构以种种手段控制媒体资金来源，对不听话的就掐紧，对于亲绿的就开绿灯，还透过大财团，由陈水扁的友人出面，在 2001 年 5 月成立一个据说控制全台 1/3 广告额的机构“广告主协会”，以所谓鼓励优质媒体的做法诱导媒体。民进党更是利用“执政”资源，独厚亲近本党的媒体，在其上台后的一年半内，亲民进党的《台湾日报》和《民众日报》等从“新闻局”得到的外包文宣预算款最多，台视文化更是得到了 3500 万新台币的政令宣传节目经费，民视也获得了 1500 万新台币，而被归为统派的《联合报》等则一文未得[①]。2003 年 4 月，台湾“新闻局”推出了高达 11 亿新台币的“媒体通路组合案”，对媒体进行招标，但该方案却将当局的政策宣传广告以所谓“置入性行销”方式融入到各种新闻、娱乐、谈话节目中去，使得台湾老百姓在看这些节目时也不得不接受政治宣传，而招标的结果无疑也是由亲绿的媒体得到最多。[②]

一向是台湾媒体广告大头的公营企业广告费，在陈水扁当局上台后也一改过去在发行量大媒体做广告的习惯，违反经济原则，选择了独派媒体。在媒体近年普遍很不景气的生存压力下，广告费和文宣费等是非常重要的获利来源，它们一旦被控制，就会让很多媒体很难有独立的坚持，向绿色靠拢是不得不的选择。所谓的“党政军退出媒体”，虽然在 2003 年后民进党终于有了动作，

① 林修全：《绿色执政肥了绿色媒体》，台湾《新新闻》808 期，第 94—98 页。
② 《统包采购，另类进占媒体》，台湾《中国时报》2003 年 3 月 11 日，第 4 版。

但是联系陈水扁当局上述一系列的动作后已经变化了的环境，可以看出，其实这是叫别的党别的人退出，从而空出位置任由陈水扁当局来插手。饶是如此，由于利益的不一致，内部蔡同荣等人的反戈却让这场歹戏延宕日久。

新闻言论自由仍然受到强制性控制甚至威胁。陈水扁上台后，不到二年的时间里接连发生了两起查抄报纸杂志的迫害事件。对于媒体揭露“国安局”的丑闻，“执政”当局不是先检讨自身，反而对媒体罗织罪名，检方搜查《中时晚报》，军方指控《劲报》和《壹周刊》记者以及《中国时报》总编辑患有“外患罪”。媒体指出，李登辉时期多半以阴柔的手法对媒体和记者恫吓施压，陈水扁才上台就摆明军马，大张旗鼓地对媒体搜查和治罪，明显地是来了一个杀威棒[①]。民进党头面人物控告媒体的事件，也时有发生，如副“总统”与《新新闻》之间旷日持久的“嘿嘿嘿官司”，《中国时报》因揭露陈水扁有秘密的政治献金而遭到其痛批并欲提起诽谤诉讼的严重威胁，民进党前主席谢长廷控告《联合报》等等。

在新闻记者眼里，“执政”当局在尊重新闻自由方面，有32.5%和13.8%的被调查记者认为不尊重和非常不尊重；在封闭程度方面，50.6%认为陈水扁当局更封闭；68.8%不满意陈水扁当局对新闻资料、信息的处理方式，认为大多数官员都干过将公开资讯当成业务机密不告诉记者的事，33.8%认为他们经常干这样的事；51.9%认为高官在记者“求证不利于他们的新闻时”，经常说谎；陈水扁当局也经常“关切”记者，42.5%的记者被“关

① 吴燕玲：《军情记者跑新闻，还得怕被抓去关》，台湾《新新闻》786期，第30—33页；和吴燕玲：《情治媒体斗法，国安局全盘皆输》，同期《新新闻》，第35—37页。

切”，其中占被调查记者总数的6%曾经被语带威胁地“关切”过。“执政”当局有过度保密的心态，一般官员在得知“行政院”电话受到情治单位监听的情况后，也往往不愿坦诚地与记者沟通。① 这些反映了台湾当局通过控制消息来源来控制媒体的手段更加严格。

陈水扁上台后，有了权力与资源，还想利用软性控制的方式来主导媒体，获取更多的效益。陈水扁把繁杂的事务丢给“阁揆”处理，却把很多的时间与精力用在了各种“亲民行为”和吸引媒体、霸占媒体时空上面，几乎每一时段“总统府”都有话题出来。例如出席各种典礼与社会活动、接连不断地出书、出写真集、到各地“走透透”等等。陈水扁作为在任“总统”，却接连出书暴露其接掌权力时的一些过程与秘密，如《世纪首航》一书所显示的，这是绝无仅有的事例。然而从吸引媒体和民众的眼光来看，却是绝好的题材，因其引发的舆论效应对当年的“立委”选举有不小的加分。陈水扁全台“走透透”，讲稿与支票并举，不仅是对于宋楚瑜担任省长时期的全省“走透透”行为的模仿，而且带着大批媒体记者，更是超级的宣传秀，将记者与媒体当作其大搞“总统”公关的工具。每周四出版的“阿扁电子报”不断展现陈水扁“软性”和亲民的一面。出写真集则在制造人气和塑造平民化的偶像方面，更胜一筹。

对于媒体和大众而言，在初次政党轮替后，陈水扁和民进党的如此做法，新鲜感十足，不仅吸引和转移了民众的注意力，而且也在相当程度上满足了权力平民化的大众心理。开放“总统

① 杨舒媚：《吃闭门羹家常便饭，记者沦为扁政府的公关工具》，台湾《新新闻》773期，第34—42页；杨舒媚、何博文：《主跑扁政府的记者：官员爱说谎》，同期《新新闻》，第26—29页。

府”、将接待“国宾”等大典从台北转移到南部各地举办，更是破除威权时期和李登辉时期遗留的“威权/中心”的意象，企图营造平民“总统”的象征性图像。这样的媒体和形象的运作使其在决策粗糙、政策摇摆错乱、经济低迷等非常不利的情况下，声望尚能维持在一定的水准，不至于遭到毁灭性的打击，但是陈水扁“形象工程”的“政治秀”，不仅挤占了真正治理的精力和时间，而且也对媒体的舆论效应产生了负面影响；并且由于其政绩不彰，发生了相当多荒腔走板的事件，因此陈水扁也遭到了媒体不少的批评，但陈水扁对此相当感冒，在其看来，不是他做得不好，而是媒体对他的批评导致了民众的感觉变坏了。于是在《世纪首航》一书中，陈水扁就对媒体发出了不要只做报丧乌鸦，也要做报喜喜鹊的“危言”。对于批评，陈水扁当局是越来越难以容忍了。陈文茜在退出民进党后，经常在其主持的“文茜小妹大”节目中抨击陈水扁当局的施政。由于陈文茜谙熟民进党内幕，又有媒体表现才能，所以往往一针见血，刺得当局坐卧不安，于是极尽打压之能事，致使收视率不错的该节目遭遇停播的命运。随着2004年人选时日的迫近，民进党竟然又想搞出一个所谓的“新闻评鉴制度”，这一制度与过去国民党搞的那一套检查制度实质上并无二样，都是对新闻自由的粗暴干涉。而早在2002年4月，民进党当局就全面禁播中央电视台四套节目，企图以此来割断祖国大陆资讯在岛内的传播。

台湾政坛上一直充满了各种各样的口水战，台湾的政治人物为了上媒体而费尽心机。“立委”们甚至把“立法院”变成了做秀场，各种噱头，无奇不有，而各种政策的公共辩论得不到足够的关注，即使有所关注，也往往丧失了理性讨论的空间，公共议题因此而常常沦为短时间的炒作、口水战或是阴谋论、陷阱论、受害论的牺牲品，台湾民众因此也陷入了难以厘清政治责任的迷雾中。在这种状况下，民进党善于文宣和造势，而泛蓝尤其是国民党在媒体上不仅地盘急剧萎缩，而且对于陈水扁当局刻意发动的一些口水攻势还击无力。扁阵营通常在看准时机后，即使是无中生有，也会在短时间里集中火力炒作，把泛蓝经常弄得灰头土脸，等到事情真相快要明了之时，民进党又炒作另一事件，使民众通常没有时间和精力去弄明白和消化这些事件的来龙去脉，民进党还经常使用这种手法在其发生丑闻时转移民众的视线，转移掉政治压力。如连宋合之后所谓的“连宋密约事件”；亲民党“立委”高明见赴世卫组织 SARS 讨论会事件等等，都是这样的手法。

民进党以及其他一些“台独”分子，通过上述种种手段对媒体的控制，正在营造一种新的话语霸权。他们将自己的“台独”理念定义为“爱台”，而不符合他们的理念就是“卖台”、“台奸”，虽然反对者不必担心坐牢房的问题，但是在这种氛围中的压力仍然是可想而知的。在政治议题的辩论中，他们动辄给对方扣上“卖台”、“台奸”的帽子，往往使得辩论流于互扣帽子的口水战。极端“台独”分子和某些政客还在煽动省籍族群矛盾、调动非理性情绪方面不遗余力，尤其是在选举期间误导群众，制造和加深社会裂痕。他们甚至挑起与升高两岸冲突，即以“借着被打压而成长”的策略制造“打压牌”和“卖台牌”，“制造‘被迫害的英雄’与‘台奸’对抗的泛道德氛围”[①]，在岛内挑动民众的情绪，力图强化台湾人的一体感，升高对抗、敌视祖国大陆的意识，试图推卸掉自己“执政”能力低下的责任，并转嫁到反对党和大陆这一边。这都是一些民粹式的、近乎于软性恐怖的操作手法。

① 南方朔：《眼前可以选择的两条路》，香港《明报》，2002 年 8 月 9 日。

第二节　“绿化”行政机构及公营企事业

绿色是民进党的代表色，“绿化”自然是说台湾色彩政治学在政党轮替之后的变化。陈水扁执政之后，不论是在行政权力所及的各个公私机构，还是在一些有影响力的民间社团，无孔不入地大力安插民进党与自己的人马，以此来酬佣支持者、预先安插以后选举的桩脚。国民党以往惯用其公营党营的周边企业事业机构的职位来酬佣一些退职的官僚，高层也往往以此来安插自己的人马，越到后来，这些酬佣就越腐败，被社会舆论目之为“金权共生体”，而国民党利用公营党营事业的资金和所掌握的人脉，在选举时为其候选人提供金钱和人脉，也是尽人皆知的。民进党在做在野党的时期，对这种现象的抨击是不遗余力的。但民进党上台之后，安插自己的人马、酬佣支持者、以利摆平党内纷争者、“绿化”公营事业企业、“绿化”有影响力的社会团体、“绿化”公务员和行政队伍等等动作，却是一个接一个，令人惊讶其变脸的快速。

陈水扁上台后不到一年的时间里，简任以上的高级文官就更换了556位，特别是在被认为是国民党色彩浓厚的部门，如退辅会，其更换率最高，在短短的时间里就被更换了67位官员，这个部门因为服务的对象是“荣民”（老退役军人），所以在国民党时代，一般都是国民党的铁票，民进党对其的整顿之目的是不言而喻的。[①] 一朝天子一朝臣本来也无可厚非，但是换来换去，政绩不见起色，民进党不但不检讨自己，却还总搬出“旧官僚不听指

---

① 何博文：《一年换了556个！》，台湾《新新闻》2001年4月4日。

挥”等理由为自己卸责，这就有违于基本的政治伦理。

绿化选务机关。民进党一再声称行政中立，但是对选举而言最必须公平的机构“中央选举委员会”，却并没有放过，而是进行了精心的绿化。按其法规，“中央选举委员会”必须是中立超然的机关，其职掌范围包括“总统”及副“总统”选举罢免的有关事务、“立委”、直辖市长、直辖市议员选举罢免的有关事务，并指挥督导各级选举委员会办理地方公职人员的选举罢免事务。其组织章程明文规定“本会会员，应有无党籍人士，具有同一党籍者，不能超过委员总额的2/5”。2001年，“中央选举委员会”19位委员三年一任的任期届满，新公布的名单中，国民党、亲民党、新党各有一个名额，民进党3个，加上两名民进党籍的“行政机关代表”，这就有5个，虽然在表面上没有突破2/5的限制，但民进党玩的花招就在于新任命的11位无党籍委员里，公认的政治态度比较倾向于民进党的就有7、8位，这样的“中央选举委员会”一旦发生争执，哪个政党及候选人能够得利是不言而喻的。

对国民党人进行分化、打压、威逼利诱、招降纳叛，尤其在地方派系方面，对泛蓝的桩脚采取多方的攻势，花费了大量精力与资源进行“拔桩”。许多地方乡镇长长期以来被视为国民党的基层桩脚，民进党针对这些人采取了很多招数。最初，民进党想霸王硬上弓地蛮干，企图通过制定《地方制度法修正案》，一举取消乡镇市地方自治选举，而改为官派。这显然是想把国民党基层桩脚全部连根拔起，改为官派后任由自己安插势力，培养笼络地方人士。这自然遭到了极大的反弹，由于推动的时机临近2001年年底“三合一”选举，民进党怕影响自己的选情，因而就此快快地罢手。对农渔会信用部的整顿也是强硬的路数，在2001年“三合一”选举前，民进党当局就整顿了36家，收到了不错的选举效果，于是陈水扁就想一鼓作气，对之展开全面的整顿，拔掉国民党桩脚赖以生存的金脉，换上自己的人马。虽然台湾社会认为农渔会信用部与黑金有牵连，确实应该整顿，但由于民进党的吃相过狠，引起地方派系鱼死网破般的反弹，农渔民也积郁了很多的不满，因此在 2002 年 11 月发生了大规模的游行。陈水扁这时又显出变色龙般的本色，不顾自己曾经说过“即使失掉政权，也要进行改革”的豪言壮语，再一次地来了一个 180 度的政策急转弯，不但就此打住，而且多有推卸责任之举。

陈水扁还频频地走访地方，收买地方派系，嘉义县原属国民党的林派陈明文，投奔陈水扁，很快就成为了民进党的新贵，在 2001 年县市长选举中，陈水扁力挺陈明文，挤掉民进党原来提名的候选人，出线竞选，并在选举中竭力为其站台。另外，同属林派的张花冠和曾振农夫妇，过去是国民党的重量级地方大桩脚，这对“凉椅大王”夫妇凭其财富和出手豪奢的做派，曾经也是国民党高层的座上宾，往来皆权贵，但政党一轮替，就毫不迟疑地倒向了民进党。国民党副主席，上次与连战搭档竞选“总统”的前“行政院院长”萧万长，也被陈水扁收编为“总统”经济顾问，并在 2003 年 8 月间提出了一系列的激活经济的建议。这些离间分化的招数，民进党是最为热衷的，因为在过去的选战中，陈水扁就有诸多得益于这种手法之处。为了拼选举，民进党行政部门在制定 2004 年的总预算时，还以各种名目搞了数量惊人的小型工程款，以便拉拢地方派系和桩脚，而这种手段是典型的买票，过去曾为其大力抨击，然而现在陈水扁上台后，其做法比国民党有过之而无不及。

民进党上台后，就以酬佣与利益来摆平党内纷争者。民进党以往未上台前，面对众多的欲参选者，只能采取民调数字和道德劝说来压服被淘汰者，而陈水扁上台后，这些路数的效用是大大降低了，不过民进党却不会因此而发愁，因为执政后资源和位子有的是，谁要闹谁会闹，一准就有这些来安抚。2000 年 4 月，民进党中央为了冻结“国大”案被通过，因此劝说其“国大”代表投票“自我了结”。当时的民进党中央就制作了意愿调查表，要行政部门予以关照，其后这些人陆续地被安排到油水肥足的地方。例如江昭仪就被安排为一银监事，而这位江姓前“国代”长袖善舞，还获得了华航基金会董事和“行政院”七组组长等多个职位，引起舆论抨击。但他的成功卡位还是让不少民进党人眼红而纷纷效仿，一时间，党内争权夺利的纷争不断，而陈水扁在民进党内的嫡系派系正义连线的人，因为是“国王的人马”，自然是“近水楼台先得月”，获得了更多的肥水。

2001 年底的“立委”选举，当时民进党欲参选者有 180 多位，按照民进党的选战策略，这其中有 70 多位必须在党内初选中被淘汰，而这些人还得是心甘情愿，不能够在被淘汰后闹乱子，在选举中扯后腿，所以位子就成了安抚这些人的最好法子。原来宣布参选台中市“立委”的民进党人刘文庆，手上掌握有足够影响初选结果的党员票，就是被高层以高雄硫酸公司董事长的位子所安抚，在党内初选的关键时刻做出了退出的表态。民进党大老吴乃仁，在唐飞担任“行政院院长”期间，经常放炮抨击扁唐的施政，搞得陈水扁很被动，最后被安排到台糖担任董事长，这恰似“给灶王爷嘴上抹糖”，从此此公的隆隆大炮声就鲜少被人所听闻了。

在金融和公营事业方面也是尽情利用。民进党上台之初，就对各财金部会和各大行库的董监事任命了一批“国王的人马”。陈水扁把自己竞选时的财务长黄维生安排为一银监察人，而公认为是陈水扁金脉的福尔摩沙联谊会的会长陈秀雄被安排为华银董事，资本额达50亿新台币的中华顾问工程公司的董事长及副董事长职务是由陈水扁台北市长时期的工务局长等亲信人马担任。曾经出过大笔金钱支持过民进党的陈建隆担任第一银行的董事长，而这位陈建隆还有一位担任了不到100天的“财政部长”并自认是误闯了“政治丛林的小白兔”的夫人宗才怡，夫妇二人一时之间，宠贵无人能比，陈建隆还曾闹出过利用公器来为民进党助选的丑闻，被媒体公开抨击后，却仍然是陈水扁在金融界的第一线大将，但是当其在第一银行不慎与支持泛蓝的商家有牵连后，就被民进党视为叛将而赶了下来。与陈水扁关系极为密切的林钟雄担任了年薪4000万新台币的台湾证券交易所董事长。陈水扁当过长荣集团的律师，他上台之后，对与长荣集团有关的一些人是照顾有加，长荣集团董事长张荣发女婿郑深池虽然没有金融资历，但却担任了交通银行的董事长。

至于在公营事业或官股控制的事业企业中安插酬庸自己的人马，更是闹出了一连串是非。例如“中国钢铁公司”，先是以郭炎土取代了经营业绩不错的原董事长国民党籍的王钟渝，可是这位郭炎土年纪大，舆论不好过关，当局于是说有专业不在年高，“年龄不是问题”。然而郭炎土当了一二年，民进党又把他给撤换了，这回换的理由却是年纪太大，其实这回年龄也不是问题，而是民进党感到这人的配合度不够高，并且挡了别人的路。这些安排，显然除了大选可以在这些地方以各种名目支钱外，而且可以广为培植人脉，陈水扁亲信林文渊在担任“中钢”董事长后，就明确地表示，在“中钢”大约8000名员工中，“过去民进党能够掌握的票大约是二三成，现在六七成”①。在公营公司民营化的过程，

① 杨舒媚：《阿扁的联勤总司令，要靠改革赢选票》，台湾《新新闻》861期，第36—38页。

新当局为了填补越来越大的财政窟窿，为了在选举前能够开出更大的政策支票，狂卖“祖产”，将公营事业释股当成随意可取的钱库，在2001年变现了205亿新台币，2002年和2003年则分别达到了137亿、179亿元新台币，而新编列的2004年更高达了247亿。[①] 在释股的过程中，多方图利亲绿的财团企业，种种手段比过去国民党时代有过之而无不及。领教这些手段后的公营事业工会成员深有感触，他们说“过去骂国民党图利财团，现在民进党执政，图利财团的手段更加粗暴，比国民党更爱给人扣帽子”。[②]

在照顾金主，图利与己关系密切的财团方面，民进党也不遑多让。高铁的董事长殷琦的政商关系纵横两朝，也一向拿出大量金钱支持民进党，并且在2000年大选中坚定地支持陈水扁，所以陈水扁上台之后，高铁的工程不仅没有受到刁难，而且从当局各方面获得的支持比前朝更加优惠，公营的台铁所属的站台、月台、轨道，好一点都被高铁拿去了。

民进党对同业工会、工商团体的收编花费了相当的精力，特别是对中小企业主们。民进党政商关系的根基在于中小企业主，因此收编政商关系时，是固本优先。中小企业协会在2000年大选时，把宝押在陈水扁身上，全力挺扁，因此陈水扁上台后，原本不甚起眼的中小企业协会深受关爱，分配到相当多的资源，成长为工总、商总、电机电子同业工会、工商协进会、工业协进会、青创会等六大工商团体之后的第七大工商团体。政党轮替之后，这些工商团体纷纷投向民进党，连被认为是国民党色彩最浓厚的工商建研会在撑了一年多后，也走进了“总统府”。证券商公会这个台湾最有钱，也对陈水扁运作股市最为重要的公会，其理事长

① 台湾《中国时报》2003年9月21日，财金版第4版。
② 台湾《中国时报》2003年9月18日，综合版第11版。

的改选早在民进党的算计之中。原任理事长大概不知水深浅，在政党轮替之后还向国民党方面寻求奥援，这使陈水扁“总统府”很不爽，“财政部”高官于是在选举前公开支持挑战者，一些券商观颜查色之后，调转风向，使得民进党属意的人最终当选。除了这些传统的工商团体，陈水扁也不忘培植自己的势力，大选时一些热烈挺扁中小企业主组成的后援团，经过几年的运作，于2003年4—5月间成立了“福尔摩沙企业联谊会”，7月又成立了“台湾活力旺企业协会全国总会”。

越临近2004年大选，民进党对中小企业主，开出的政策支票也就越诱人，2003年6月陈水扁声称中小企业信用保证基金额度在未来的5年内，将每年新增加100亿新台币，5年共多增500亿新台币。陈水扁频频与中小企业主会面，听取他们的意见，碰到这些人陈情诉求，陈水扁往往一口应承，只要能捞到选票，有违法规也在所不惜。除了这些工商团体，陈水扁对青商会、狮子会、扶轮社、同济会等工商社团也进行了相当程度的“绿化”工作。这些工商团体的领导人和骨干都受到陈水扁的礼遇，而这些人多数在这样的形势下，也有所回报。众多的企业财团，在政党轮替后，都选择向民进党靠拢，原来亲连或亲宋的企业主，遭到新当局或明或暗的打压，不少亲宋的企业主在选后不久就应声倒地，剩下的不是出走避让风头，就是改换门脸，攀附新贵。

陈水扁在释放资源厚植人脉、肥己人马等方面的做法，很多次都引起了社会舆论的抨击，认为过去国民党是黑金当道，而现在民进党是与白金共腐蚀。

第三节 运用司法手段钳制与打击对手

陈水扁在2000年大选主打的诉求就是反“黑金”，而其上台之后，相对于其他方面，“扫黑”的政绩是比较容易做出来给台湾民众看的，指派陈定南担任“法务部部长”，就是看中其有刚硬之声望。然而，尽管陈定南口口声声的一再强调，扫黑除弊不分党派与身份，只要有证据就依法处理。但是，民进党上台后不久，所查办的一些重大“扫黑”案件，如大甲镇澜宫案、尚峰炒股案、奇美假股票案、北银超贷案、台开案等等，其侦办的对象都是国民党籍的“中央”或地方民意代表以及与民进党有过节的一些政治人物，如大甲镇澜宫案涉及台中县议长颜清标、尚峰炒股案涉及国民党“立委”游淮银、奇美假股票案涉及国民党“立委”廖福本、台开案涉及国民党“立委”王令麟，北银超贷案涉及原为民进党籍后退党的“立委”林瑞图。这些人在2000年“总统”选举期间，不是拥连就是挺宋，甚至是打扁的先锋如林瑞图。不可否认，这其中有些人在台湾很多民众心目中是有问题的人物，形象与清廉绝沾不上边，查处他们可能是让人感到痛快的，但是以法治的眼光看，程序和法理必须充分，而且须像民进党自己所说的必须一视同仁。民进党当局的有关机构在查办这些案件的时候，“选择性扫黑”的嫌疑始终存在。例如翻出林瑞图9年前的旧案并对其求刑5年，就很难摆脱秋后算账的嫌疑，因为林瑞图与陈水扁结怨甚深，林瑞图打扁时也曾经爆出过一些猛料，给陈水扁带来不少麻烦，惹出一些是非。相比之下，对民进党自己人，就宽松得多。传闻有民进党“立委”涉案的固网案，就没有获得追查，而民进党“立委”周伯伦所涉的荣星花园弊案，当时也被法院起诉并判刑，但是新当局却并没有像抓林瑞图案那样，咬住不放，而是晾在一边，直到压力实在太大，才有所动作。民进党内部对此的评说，认为周伯伦坐牢根本是为了阿扁连任而牺牲的。

检调单位查贿。民进党一贯攻击国民党买票，上台之后，对查贿选是非常热心的。在 2001 年“三合一”选举前夕，民进党运作国民党籍的前彰化县副县长张朝权自曝内幕，闹出了检举揭发 2000 年“总统”大选中国民党贿选的轰动性新闻，民进党这种窝里反的操作，使得选举中国民党的形象难以翻身。在这次选举中，新当局查贿选查得非常严厉，请客只要超过一桌以上，就必须向辖区分局报备，连“立法院副院长”办寿宴都先向警察局报备，办个活动、出门坐游览车游玩，就有可能被请到警察局做笔录，赠予品只要超过新台币 30 元就认定达到了贿选的门槛。如果当地没有被查出来，被别的单位查出来，当地警察会遭到连坐的处分，所以检查机关、警察局几大机构大举出动，丝毫不敢怠慢，嘉义某小学请历届家长聚餐，一位候选人到场致意，事后参加聚餐的人几乎都被约谈，甚至问了两个小时。①

2003 年 7 月花莲县长补选中，民进党籍“法务部长”陈定南更是要求 24 小时查贿，选前还从全台各地调集了大批警察和检调人员浩浩荡荡地进驻花莲。民进党严厉查贿确实使得选风有改进，但是在查贿过程中，其偏颇之处亦是显然的，动作主要是针对国民党而来的，对国民党严厉得几乎到了风声鹤唳的地步。民进党在 2001 年底的大查贿确实打击到国民党的选情，而在 2003 年的花莲补选中，却引发了一连串风波。先是花莲地方检调官跳出来抨击 24 小时查贿违“宪”，最后竟变成陈定南和这位检调官互相

① 《抓鬼风声鹤唳，选将隐贿因应》，台湾《中国时报》2001 年 11 月 6 日。

对骂，而查贿查到不准当地原住民进行传统的丰年祭杀猪大典，更是伤了原住民的自尊心。闹到最后，民进党自己反怪是查贿坏了游盈隆的选情。这样的说法最终显示了民进党查贿其实重点不在于澄清选风，而是选择性地打击国民党。难怪国民党人老早就觉得不公，国民党女"立委"游月霞2001年11月就曾经在"立法院"痛骂查贿只是光找在野党候选人的碴，质问道："民进党候选人一车一车载选民去台北参观总统府，还招待餐饮，都不算吗?"陈水扁去地方为候选人站台，也曾经有几百辆游览车载着外地的支持者捧场，并招待吃喝，却没有人敢出面查证。

其实民进党上台以来，腐败的速度远远超过了民众的想象。民进党在2001年初为年底"三合一"选举的党内初选，就发生了多起严重的贿选事件，其过去标榜的清廉形象早就被糟蹋得荡然无存，党内重金买票泛滥成灾，一些人掌握了为数众多的人头党员，操纵初选中的党员投票，而候选人与这些人头大户进行各种买票换票交易，赤裸裸的金钱交易在这次初选中堂而皇之地全部台面化了。在台北县市，有候选人对投票党员开出了每票3000元新台币的价码，而南部有的更达到了5000元的高价，为了争取"立委"提名候选人少则拿出上千万新台币，多则拿出上亿的经费用于这样的开支。面对这样严重的贿选，有关当局只是轻描淡写地说，这属于政党内部事务，不好干涉，就此了事。

在所谓的金融扫黑中，民进党将目标锁定在与泛蓝或连、宋二人关系密切的企业，对与民进党关系密切或曾经在大选中支持过陈水扁的企业则轻轻放过，而任何对民进党或陈水扁不买账的企业主或商人就会受到或明或暗的惩罚，转绿或积极挺扁的红顶商人则受到关爱。民进党的行政机构，还会滥用公权力，利用一些暗中手段骚扰在野党的支持者，例如其税务局对在野党的金援主特别关注，亲民党的财务长陈君毅就曾经不堪税务局对其的频繁查税的骚扰，而退出了自己所属公司的经营。

刘泰英案与新瑞都案。刘泰英在李登辉时期极受宠信，时人称为“国民党的大掌柜”，政党轮替之后，刘泰英一时与新当局的关系还算平稳，但当其在2001年违反陈水扁的意愿，抢夺了陈水扁属意的中华开发董事长候选人胡定吾志在必得的位子之后，他的日子就难过起来了。中华开发资产诱人，总资产在2002年达到了2180亿元新台币，刘泰英在1992年5月以来就一直担任董事长，当然不舍得轻易失去自己的安身立命之地。2002年，新瑞都弊案的爆发扯出了刘泰英，也掀开了民进党与李登辉黑幕交易的冰山一角。新瑞都的股东，有很多都是民进党的重要人物，现在陈水扁眼前的红人“内政”部长余政宪的母亲余陈月瑛、民进党大老张俊宏的全民电通投资公司等等都涉足其中，这些人在新瑞都吃的大都是干股，所以新瑞都的破产，对于已经得到了利益的他们是没有什么损害的。倒霉的只是新瑞都的所有者苏惠珍，在她与旧当局、新当局的权势人物无数次交涉无果后，只好选择鱼死网破的一拼，但她知道跳出来公开在媒体上揭发弊案，是将国民党和民进党现在还在台面上的一些大人物全部得罪了，所以选择在2002年高雄市选举期间有选择性地“爆料”。刘泰英在新瑞都弊案中收受的佣金就高达新台币10亿多，其他诸如在尖美、台凰、东隆等弊案中，所大肆收受的佣金到底有多少，还没有完全露出。这些佣金或是汇入了国民党的民生建设基金会、李登辉控制的台综院，或是包括刘泰英在内的一些人的个人账户，而这些金钱的最后流向，更是让人疑窦丛生。台湾社会盛传这些巨款有相当部分被李登辉用来收买当时朝野政治人物，因为刘泰英收受新瑞都开发等案佣金的时间，正好是李登辉公开提出“奶水论”

的时间。当时李登辉为了推动有利于自己的“修宪”，要收买民进党的一些人，所以提出这个“奶水论”，意谓国民党应该给予民进党一些奶水，让民进党茁壮，才能开展政党间良性的竞争。[①] 刘泰英自己供认说，他是按照李登辉的指示，以国民党党营事业投管会主委的身份，配合政策，让国民党党营事业投入当时的新瑞都开发案。然而，追查刘泰英，当局却把火往连宋身上烧；追查“拉法尹舰”弊案，也曾暗指宋连涉案；而尽管国民党已经不再就“兴票案”提出诉讼了，但当局放出要继续追查的口声却时有传闻，这些不定时炸弹，都将给连宋的选举带来了极大的风险。陈水扁阵营会将此类负面竞选谋略操作成为最凌厉的攻击武器。陈水扁在连宋合之后就不断以“老人政治、权谋分赃、密室交易、黑金复辟”等等来抨击两人的形象，同时力图凸显自己塑造的“改革与反黑金复辟”方面。

第四节　资源战、组织战的准备与操演

民进党以往的选举，因为没有组织的后援，所以民进党候选人偏向于发展文宣技术，因此在选战的表现上，民进党是文宣战高过了组织战。但是，自民进党人在地方上获得了比较长时期的执政经验以来，特别是1997年县市长选举中获得了大胜，民进党的地方执政已经打下了组织战的根基。一是一些强势的民进党候选人在各地建立后援会、建立各种后援组织，二是民进党在执政的县市发展党员和建立组织布局，拉拢地方派系，拔掉国民党的桩脚，种下自己的人脉，三是民进党内原有的在地方上的很多实

① 台湾《中国时报》2003年9月17日第3版和第4版。

力人物也在各地长期深耕。这几年陈水扁跃上"中央"执政，有了如上的那些运用执政资源、权力的方式和手段，加上在2002年担任了民进党主席，党政大权集于一身，因此民进党对组织战、资源战跃跃欲试，并积极地为2004年"总统"大选中的组织战做各种准备。2001年底的"三合一选举"和2003年7月花莲补选民进党的做法已经显现了资源战、组织战的某些方面的雏形。

陈水扁是民进党里比较成功地在选举中建立自己的后援组织的人。在1994年的台北市市长选举中，陈水扁及其幕僚就针对国民党候选人黄大洲尽管政绩不出色，但背后依靠着国民党雄厚的基层组织的支援，还是有一定的民意支持度的情况，就开始成立与加强陈水扁的后援组织。当时陈水扁阵营在台北市北区已经有了一定的基础，所以南区是其重点攻入的地区，他们利用民进党的热心支持者为其开路，发展了诸如地方上有影响的人物、对政治比较感兴趣的人、寺庙的负责人等参与后援组织的建立。一时间，全台北的430多个里当中，几乎每一个里都有陈水扁的桩脚渗入，在这些里中组织了很多陈水扁的后援会，为陈水扁拉票；陈水扁阵营也积极地在客家宗亲、校友会、妇女团体、残障团体、同业工会等里面发展出一些支持者团体，甚至在国民党势力强大的某些职业团体里也见缝插针地钻入打进，以求抗衡。这些组织战为陈水扁的选战打下了比较稳固的基础。

1997年底的县市长和省议员选举，民进党组织战的雏形就有所显露。当时民进党把选举区域划分成几个战区，请出党内重量级政治人物担任督导，协调整合各县市的纷争。[①] 在民进党执政时间比较长的一些县市，如宜兰县其执政就长达16年，所以在这些地方民进党基层人脉日渐扎实，而且"宜兰经验"甚至已成为

① 《县市长选举，民进党分区督战》，台湾《中国时报》1997年8月1日。

民进党候选人在各个县市争取民众认同的重头戏，这甚至迫使一向善于在选战中打“组织战”的国民党，不得不在这些地方转变方式，放弃传统的桩脚选举方式，改用“形象牌”和“文宣战”。例如在台中市，国民党提名的洪昭男虽是六任“立委”，却一直与地方派系保持相当距离，而民进党提名的省议员张温鹰，其家族势力则与地方派系渊源深远。①

2001年底的“三合一”选举，这是民进党上台后第一场选举，也关系到陈水扁剩下任期里执政能否顺利进行，所以陈水扁格外重视。陈水扁不仅在选前1个月发表了《世纪首航》的新书，揭露旧“政府”给他执政带来的许多困难，推卸责任，转移焦点，还拉出了“世纪首航助选团”，向选民呼吁排除干扰继续支持他，诉求实现“国会”轮替，让民进党成为“立法院”多数党，稳定政局，把这场选举变成了他的选举，也成为了民进党的超级助选员。他与当时的“行政院院长”张俊雄和民进党党主席谢长廷一起，携带着庞大的行政资源和人气，“总统助选团”、“院长助选团”和“主席助选团”三路出击，为民进党候选人到处站台。民进党动员行政部门辅选，也颇招惹非议。民进党中央党部要求党籍政务官每个人必须参加至少十场以上的候选人大型造势晚会，而非党员的政务官事务官，新当局也是明里暗里地鼓励他们为民进党候选人站台。民进党还在全台各地积极地发展党组织，一时之间，民进党的党员人数迅速地膨胀。在中南部地区，即使陈水扁政绩难看，但由于种种因素，南部选民对陈水扁的诉求如经济状况变坏是国际经济不景气、国民党在“立法院”捣乱他很难做等辩词还是有一定的认同的。陈水扁的“世纪首航助选团”气势极旺，场场爆满，他助选时显现的功力不输于李登辉当年，民进

① 《政党转型带来选举风貌的变化》，台湾《中国时报》1997年10月13日。

党内甚至有人说“陈水扁是助选的天才”[①]。选举的结果，民进党在“立委”的席次大增，县市长席次有所减少，这表明陈水扁和民进党的这些手段和策略收到了一定效果。

如果说2001年底的“三合一”选举，民进党选举的手法是偏重于行政首长的造势与行政资源的大量运用，而2003年7月的花莲补选，则不仅有这些，而且在组织战方面，也有较多的着墨，并且其操作手法与国民党过去的做法有更为近似之处。民进党充分利用执政的优势、资源及组织来打选举战。民进党在花莲的实力一直处于劣势，其在花莲的地方组织原本也比较薄弱，但民进党为了这次选举，在辅选的组织战方面，做了充分的准备。民进党中央早就指示其组织部门派出大量人员前往花莲支援地方党部，这些先遣的组织人员打点地方，串联一些支持民进党的后援会，对地方人士大力拉拢，对泛蓝的桩脚进行各种策反、离间的工作。这些先遣部队铺路抬轿，架构了辅选的组织系统。[②]“总统府”陈水扁的亲信幕僚选前早就在花莲奔波，民进党中央的秘书长、副秘书长也坐镇花莲就地指挥，民进党所掌握的一些公营事业企业也动起来了，一些急于邀功的“凯达格兰学校”的学员们也闻风而动，“行政院”方面则成立了“花莲辅选小组”，由“内政部长”领军，几乎所有的部会都参加到辅选中去，大批的民进党高官簇拥到花莲，以各自的行政资源释放出大量的政策支票帮助民进党的候选人游盈隆竞选。就是因为民进党自认为组织战和资源战已经到位，因此很相信地方组织传达上来的信息，认为国民党脱党参选的吴国栋实力较强，不像其内部做出来的民调显示的那样只

---

① 《助选天王扁李连宋马各顶光环》，台湾《中国时报》2001年11月2日。

② 李濠仲，《民进党打通组织关节，就等轿主现身》，台湾《新新闻》851期，第34页。

有 14%—18%的支持率，所以对自己的民调产生了怀疑，民进党高层改变了曾经想低调处理这场选举的想法，以为还可以玩从前擅长的“分裂对手阵营，乱中取胜”的选战兵法，所以搞得轰轰烈烈。然而，尽管组织战和资源战搞得轰轰烈烈，但各个部门并没有整合，乱打一气，开出的选举支票虽然庞大，但太滥，且很多明显地没有正当性和可信度，操作手法粗糙，有很多荒腔走板甚至互相矛盾的地方。

民进党行政高官介入的结果是适得其反，他们动用行政资源过于急切，在选举时调换了地方的检调三长，选举中后期又调集大批军警相续进入花莲，且要求 24 小时查贿，引起反弹。民进党拉抬吴国栋，本来是套用老伎俩，但这次操作失当，陈水扁在后期炮打吴国栋说“有案在身，当选也会被抓”，这个时机并不好，也被很多选民看破了手脚，实际上就把前面的操作在相当的程度上破坏了。民进党笼络原住民和客家族群，开了一大堆支票，但是当原住民并没有明显地表示支持其候选人时，他们又特别地针对原住民来查贿选，不准原住民在丰年祭时杀猪，这引起原住民的极大反感。这场选举的种种状况表明，民进党在执政后，是在玩国民党过去的那一套把戏，但玩得还不上路，所以这次选举的结果闹得有点灰头土脸。

针对 2004 年“总统”大选，除了上文提到的那些执政资源的运用为其积累的选举势力和组织力量外，陈水扁对“府院党”的体系也进行了组织战方面的运作准备。在“总统府”，由陈水扁最亲信的幕僚马永成总体负责，底下北部、中部、南部还有不分区由其他的“总统府”秘书和幕僚专人掌管，各个区的信息经过这些秘书和幕僚过滤后，由他们来安排陈水扁的行程及要拜访耕耘的人脉。在民进党中央，不仅组织部要全力动员，而且其他部门如妇女部、社会发展部、族群事务部也得发展出一些组织性的辅选机构，例如民进党的社会发展部就积极奔走，动员原来支持陈水扁的一些中小企业主运作成立“台湾活力旺企业协会全国总会”这样一个绿色社团，以便在选举中构造出这样一个民间的组织平台，凝聚中小企业主的向心力，让他们站出来支持陈水扁。妇女部除了加紧联系各类妇女团体之外，更动员一些支持民进党的妇女，针对女性选民多数属于教育程度不高的政治无知者，不易从报纸媒体获知政见，而容易受到人际关系影响的特性，在菜市场、美容院等妇女经常聚集的地方，培训自己的支持者采取耳语传播的方式来影响这些妇女，极力争取影响这部分薄弱选民的选票，而这些支持民进党的妇女耳语部队被称为“柴契尔夫人”（即菜市场夫人的谐音）。为了准备2004年“总统”选战，民进党还成立了一支特种部队——“组训小组”，这是在既有的党部和行政系统之外的“第二管道”，由民进党副秘书长主持，小组成员主要是2002年台北市、高雄市的落选的市议员和地方上重要的桩脚，他们被授予了“资深专员”的头衔，到各个地方尤其是非民进党执政的县市和一些领域如宗教、农渔会、志工等，去进行深耕。[①]

在“行政院”方面，自2003年8月以来，不仅对在野党发动了一连串的攻击，而且释放出大量的资源，各种政策支票漫天飞。在2004年的总预算案中，更是开出了许多与选举直接相关的支票，例如过去让民进党选票成长不少的老农津贴和敬老津贴，就分别增加了80亿和76亿元新台币；中低收入户辅助预算也增加了27亿；为了避免中小学教师因退休金缩水而上街头，又多列了60亿左右的新台币；还有为拉拢地方桩脚而设的小型工程补助

---

① 杨少骐：《民进党“二加一”全面动员，猛打组织战》，台湾《新新闻》855期，第49页。

款，也编列了150亿新台币。光这些就达到了390多亿新台币，而以台湾大选中选民约1200万来计算，那么陈水扁平均发给每个选民的买票款就达到了3200元新台币[①]，这真是超级买票。

① 李朝阳：《5年5000亿，政府根本没权花》，台湾《新新闻》862期，第33页。

第九章　民进党 2004 年“总统”选举策略分析

2004 年 3 月 20 日台湾即将举办第十一任“总统、副总统”选举，这次选举事关重大，对于民进党来说，陈水扁与吕秀莲能否连任是民进党执政能否得到台湾民众信任的重要标志，是民进党的政治理念能否在台湾成为主流论述的转折点，是民进党发展的关键一役；对于国亲两党来说，是连战与宋楚瑜能否重振政治生命的最后一战。岛内泛蓝和泛绿两大阵营的竞选步伐早已经紧锣密鼓地展开了，民进党的选举策略也逐渐呈现。在 2000 年台湾地区领导人选举中，民进党得票数 497 万多票，这一次民进党把得票数定在 700 万票，民进党为了扩展票源使出了浑身解数，然而是否有效仍值得进一步观察。

民进党在历史上的选举中擅长于打文宣战，依恃台湾民众对国民党专制统治的历史积怨、对国民党统治黑金政治的不满，不断扩大支持基础，最后走上执政的道路。但是民进党并没有因为执政而在票源扩张方面取得明显成效，陈水扁为了连任，不得不依仗“议题战”和“组织战”，营造胜选气势。在争夺 2004 年台湾地区领导人选举的过程中，民进党采取的选举策略具有如下一些特征：

一是确定竞选主轴。民进党把选战的核心议题确定在“一边一国、公民投票"，其中"一边一国 VS 一个中国"是其竞选主轴的核心。在具体的文宣方面，民进党则提出"相信台湾、坚持改革"的竞选主轴，回避对民进党不利的经济议题，主打政治议题。从 2003 年上半年开始，民进党先后主导了加入 WHO、高明见事件、"公民投票"、催生"新宪法"、"公投制宪"、"公投立法"、"防御性公投"等议题，将岛内蓝绿对抗的选举战线拉长到两岸对抗的政治战线，意图把蓝绿对决的选战格局导向统独对决。

二是集中精力打击对手。民进党确立"尊李、批宋、和王马，不理连"等合纵连横政治策略，重提"兴票案"，把重点打击对象聚焦在较有群众魅力、战斗力较强的宋楚瑜身上；同时利用党产与家产问题攻击国民党及连战，损伤其在选民中的个人形象。

三是加强内部整合。民进党贯彻"党政合一"，加强"府院党政"的协调整合；拉拢"台独"基本教义派，巩固基本票源；推迟民进党"正副总统候选人"的提名程序，协调"副总统候选人"之争，平息党内不同意见；以"现任总统"的有利地位，利用执政优势，力图树立居高临下的主导态势。

四是充分利用执政资源。陈水扁当局在本届任期的最后阶段，大开政策支票，收买政治意识形态和政党倾向不显著的中间选民的选票；向老年、青年、妇女、客家、原住民等不同群体释放利多政策，力图争取不同族群的选票。

五是强化选战组织。民进党建立以"五虎将"为核心竞选团队，策动"府院党政"各个系统编织绵密的辅选网络，筹划耳语部队、菜篮子部队等，广泛成立后援会，利用执政优势打组织战。

六是将选举战线扩大到岛外。在对外关系上，民进党当局一方面意图激化两岸冲突，将蓝绿对决扭曲为两岸的政治对决；另一方面力图稳定台美关系，争取美国及其国际社会为其连任背书。

总起来说，民进党的选战策略一是打“政治牌”、打“两岸牌”；二是打“拉笼牌”、打“策反牌”；三是打“改革牌”、打“经济牌”；四是利用执政优势打组织战。其基本特点是以政治议题为核心，多方面下手，抢夺和争取选票。

第一节　强化组织战

民进党在选举中是比较擅长打文宣战的，其带攻击性的文宣往往能击中要害，使对手陷入极度被动的困境。民进党的文宣有市场化、商业化的特征，用漫画、网站等容易推销的形式出现，而且特别针对妇女、青年、客家等群体进行宣传。执政以后，民进党也重视组织动员战。民进党“立委”罗文嘉认为选战的关键之一是组织战，组织战主要是针对台湾南部一些无法接触政治讯息的选民。组织战的重要手段就是大量成立后援会，要求后援会“家家户户走透透”，直接上门催票。

为了赢得2004年的选举，民进党早在2002年就开始在组织上整合“府院党政”各个系统。随着选举日期的临近，民进党逐渐建立和完善辅选架构，协调整合选务、政务、党务系统，主要由邱义仁、游锡堃、张俊雄3人总负责。民进党的县市长和“立委”等还分区负责辅选工作。同时，民进党准备在各县市成立青年、妇女、客家、扁友会等组成的几千个后援会系统，达到遍地开花的目的，把民进党籍公职人员、后援会、顾问团组织起来，从“中央”到地方形成三位一体的选战动员系统，组成绵密的辅选网络。

一、"党政同步"的政治布局

从2002年上半年开始，陈水扁就积极地在行政和党务系统进行竞选连任的政治布局。陈水扁的政治布局首先从党内整合开始，2月底，陈水扁完成"内阁"改组之后，游锡堃出任"行政院长"，嫡系人马完全掌控了行政部门，在行政系统实现了竞选连任下一届"总统"的政治布局。2002年7月，民进党党主席谢长廷任期届满，面临党主席换届的时期，包括姚嘉文、颜锦福等人都有意问鼎党主席的位置，这些人都不是陈水扁的嫡系人马，如果放手让他们掌控党务部门，陈水扁将面临党内的权力挑战，最后会出现什么样的后果，谁都无法意料。一个"敢作敢言"的"副总统"已经使得"总统府"乌烟瘴气了，如果再来一个爱作秀的党主席，对陈水扁指手划脚，漫天要价，那么对其竞选连任必将进一步加大阻力。因此在2002年4月20日，民进党召开九届二次"临全会"，通过了"总统"兼任党主席的党章修正案。陈水扁不惜违背2000年"总统"竞选期间作出的不介入党务的诺言，从党务第二线转到第一线，全面掌控党权，为完成党务系统的政治布局作出规划。

2002年7月21日，陈水扁正式接任民进党主席，民进党中常会成为"府院党政"协调的重要平台，民进党进入了"党政同步"的新时期。陈水扁亲自出面，处理"府院党政"的关系，每周二召开民进党中常会，把中常会改造成党内政策协调的平台，在一定的程度上强化了陈水扁的权力基础。但在此同时，"党政同步"不仅是人事职务的组织同步，也是政策理念的合一。民进党的党纲主张"台湾独立"，而由"总统"兼任党主席，陈水扁必须说明自己的政治立场。2002年7月30日，陈水扁公开表示：“《台湾前途决议文》是目前民进党处理两岸关系的最高指导原则。”8月3日，陈水扁在“世台会”东京集会的场合发表电视讲话，表示“台湾跟对岸中国一边一国，要分清楚”，“要认真思考公民投票立法的重要性和迫切性”。陈水扁抛出“一边一国、公民投票”的讲话，把“一边一国、公民投票”当成民进党的党魂，明确定位民进党的政治纲领和选举纲领，意图引导台湾民意的政治走向，为“总统”选举定调。

但是致力于内部组织整合的“党政同步”和回归基本政治立场的“一边一国论”并没有为民进党拓展选票发挥作用，2002年12月民进党在台北市长选举中惨遭失败。北高市长选举结束后，民进党高层即密谋连任“总统”的策略和计划，陈水扁宣示民进党要“重新调整前进的方向”，全力投入拼经济及大改革的工作，以更好的施政绩效，努力赢回民众的支持与信赖。民进党秘书长张俊雄也提到，未来民进党如果要继续执政，必须依赖三大要素：第一、民进党除能护住基本盘，还必须吸引中间选民的认同；第二、民进党当局需能于未来有效降低失业率，创造就业机会并振兴台湾经济；第三、民进党必须切实执行大改革。虽然在面对选举的挫折之后，民进党往往会有一些反省的声浪，使民进党高层出现一些理性化、务实化的认识，表示要进一步推动民进党的政治转型，但是随着选情的激化，反省的呼声常常被“台独基本教义派”的叫嚣所淹没。民进党无法抵制基本教义派的牵制，在基本教义派的推拉之下，政治主张日益走入无法自拔的政治死胡同。

2003年初，陈水扁进一步调整“总统府”秘书长与“国安会”秘书长的人事，使邱义仁回到执掌选战兵符的重要位置。2003年8月，民进党内秘密成立“八一八专案小组”。10月21

日，民进党中执会通过“总统选举党内提名作业相关事宜”及“召开第10届第2次全代会事宜”等两项提案，确定“总统”提名作业时程。同时民进党中执会决议成立“2004年总统党内初选协调小组”，由秘书长张俊雄担任召集人，小组成员包括洪奇昌、蔡同荣、张俊宏、高志鹏等4位中常委。民进党确定党内提名作业工作时程为：10月29日发布选举公告，11月3日至7日领表、登记，11月11日中执会审查候选人资格，11月12日至14日初步协调（如有第二组以上的人登记参选者，即展开协调），15日号次抽签，16至22日政策辩论，29日办理党员投票，11月30日至12月6日举行民调，12月10日召开中执会公告提名候选人，12月13日在台北国际会议中心举办“全代会”，公布提名人选。然而这所有程序都是形式，所有形式都是一纸空文，陈水扁在党内一统天下，无人争锋，民进党仅仅是为陈水扁个人背书而已。

二、以“八一八专案小组”启动竞选机制

2003年8月份，民进党在花莲县长补选中失败以后，党内出现了反弹的声浪。民进党中常委张俊宏发表“彻彻底底反省、轰轰烈烈再起——寻回自省再造的党魂”的公开信，批评民进党欠缺自我检讨反省能力，张俊宏同时对陈水扁提出警告，不要在“总统”大选中操作“一边一国”，否则必将败选。台北县长苏贞昌则建议尽早启动大选的组织架构，但民进党认为过早成立大选组织架构，会使朝野陷入选举口水大战，造成政务难以推动。然而台湾媒体却披露，民进党内部成立“八一八专案小组”，“府院党团”秘密召开会议，结合选务、党务与政务系统，悄悄启动竞选机制。

8月18日晚，游锡堃、邱义仁、张俊雄、苏贞昌、马永成、柯建铭与陈其迈等7人在游锡堃官邸秘密集会，决定停止原本由邱义仁召集的选举与政策会报，改为每周二晚上在游锡堃官邸集会。8月26日晚，除上述人之外，又加入陈水扁另一核心幕僚林锦昌、“行政院秘书长”刘世芳、“政务委员”叶国兴、高雄市长谢长廷、“立委”洪奇昌、“中钢”董事长林文渊与台糖董事长吴乃仁等人。“八一八专案小组”，被认为是民进党“府、院、党、团”，即“总统府”、“行政院”、党中央、“立法院党团”四大系统组成的辅选高层会议，游锡堃、邱义仁与张俊雄则为辅选三巨头，其下又分别召开文宣小组与组织小组会议，由吴乃仁、李应元与党主席特别助理陈俊麟等人负责文宣操盘，由“府院党”的文宣班底实际执行，有政策、舆情、民调与文宣议题攻防等任务编组。

“八一八专案小组”还具体分配了23个县市辅选的组织分工，规定民进党执政县市的辅选工作由县市长负责，非民进党执政县市则安排专人负责。具体分配为：台北县市为苏贞昌、桃园县与苗栗县为邱义仁与陈水扁核心幕僚马永成、新竹县市为民进党“立院”党团总召柯建铭、台中县市为新潮流系召集人洪奇昌、云林县与花莲县为民进党副秘书长李进勇、澎湖县为“立委”洪奇昌与“中钢”董事长林文渊、基隆市为“人事行政局长”李逸洋、台东县为苏贞昌机要秘书吴秉睿、金门与马祖为马永成。“八一八专案小组”还决定，10月12日前成立各县市后援会的筹备会，11月12日前成立后援会，12月各县市成立竞选总部，由民进党各县市党部主委会议负责实际执行。

三、建立以“五虎将”为核心的竞选组织

2003年12月12日，在民进党的“总统”候选人正式确定之

后，陈水扁的竞选团队也正式出炉，取代原有的“八一八专案小组”。陈水扁团队的核心是所谓的“五虎将”组成的竞选委员会，其中包括民进党秘书长张俊雄担任选战总指挥、“行政院长”游锡堃和高雄市长谢长廷分别担任竞选委员会的主委及副主委、台北县长苏贞昌担任竞选总部的总干事、“总统府”秘书长邱义仁担任竞选总部的执行总干事。所谓的“五虎将”仍是由民进党内各派系及政坛的实力派人物所组成，其中负实际选举操盘责任的仍是新潮流系的龙头老大邱义仁。“五虎将”的列名隐约地暴露了民进党内权力分配的较量，以及选后党内接班卡位斗争的痕迹。

陈水扁竞选总部一级单位及负责人为：政策及发展委员会（主委游锡堃）、“立院”党团（全体“立委”）、财务委员会（主委黄芳彦）、挺扁总会（总会长李登辉）、顾问团（团长未定）、助选团（团长未定）、客家总部（主委未定）。

执行单位及负责人为：发言人群（由总干事、执行总干事指定李进勇、李应元、吴乃仁或其他“立委”发言）、组织群（副总干事李进勇）、动员群（副总干事李应元）、文宣及研究群（副总干事吴乃仁）、行政群（副总干事林文渊）、候选人事务群（副总干事马永成）。另外，“总统候选人”特别助理为罗文嘉、林锦昌；两位“副总统候选人”特别助理未定。

从陈水扁竞选团队的人事安排看，虽然整个团队的核心是“五虎将”，但关键职务如候选人办公室及特别助理仍由跟随陈水扁的亲信人马如马永成、罗文嘉、林锦昌等人所担任，在个人亲信与党内重臣之间形成相互的制衡关系。而这一次陈水扁竞选团队与上一届的重要区别是：原国民党主席李登辉居然名列挺扁总会会长。

陈水扁竞选总部组织架构图

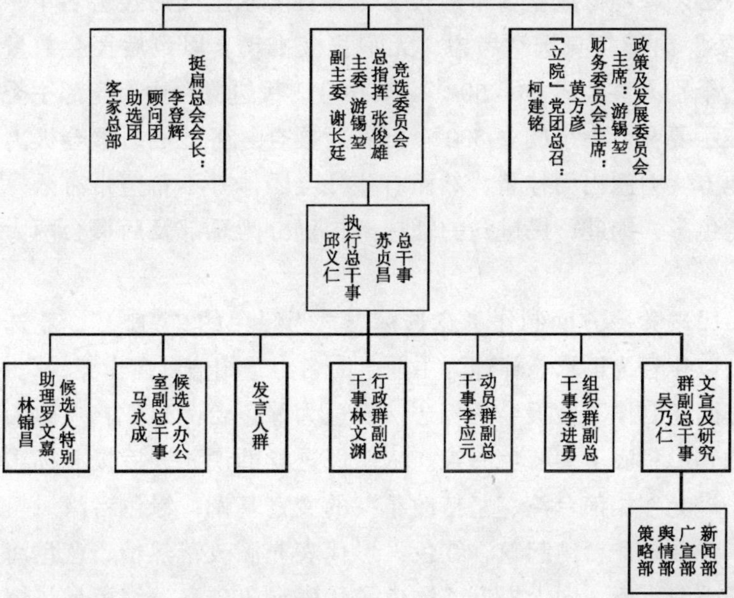

四、遍地开花的后援会

陈水扁竞选系统的组织动员工作由民进党副秘书长李进勇负责，“总统府”秘书马永成、“立院”党团总召柯建铭、新潮流系召集人洪奇昌、台北县长苏贞昌的机要秘书吴秉睿、“人事行政局长”李逸洋与“中钢”董事长林文渊等也介入甚深。民进党决定各县市普遍成立后援会，涵盖活力旺、水当当、扁友会等团体，成立数千个后援会，以达到“遍地开花”的目标。

2003 年 10 月 18 日，全台第一个挺扁后援会——三民大丰挺扁后援会在高雄市成立以后，各地挺扁后援会纷纷出炉，据统计各地已经成立的后援会达 3000 多个。民进党规定每个党籍“立委”必须在地方成立 3 个后援会，并且要求上交后援会名单。各“立委”出于自身选举考虑，无不积极推动，以致后援会数量暴增，个别人甚至成立了 50 多个后援会。民进党台中市党部主委甚至表示要在台中市成立 500 个挺扁后援会。各地的后援会极力吸收地方实力派出面挂名，然而有些社会团体并不希望带有浓厚的政党色彩，因此，民进党的辅选架构仍分为总部及后援会两大系统。

民进党一方面制作了竞选标志，为绿色的“YES!”，竞选歌曲则以年轻为诉求、棒球为主题，曲名为“相信台湾出英雄”。另一方面还制作了后援会的标志，右边为绿色台湾风帆；左边为红色的人形；底下为蓝色海浪。依照民进党的说法，后援会标志配合民进党“相信台湾、坚持改革”的文宣基调，绿色台湾风帆表示顺势乘风，台湾起航；红色人形代表充满改革热情；蓝色海浪象征破浪直行，向上提升。绿色是代表绿色硅岛、红色是热情坚持、蓝色则是“海洋国家”。

为了整合泛绿阵营，台联党的精神领袖李登辉出面担任“挺扁总会会长”，由李鸿禧、彭明敏、黄昭堂、吴树民、陈隆志、辜宽敏、高俊明、黄昆虎、张俊雄、黄主文等独派大老及民进党、台联党政客共同参与，整合岛内独派等 120 个社团组成挺扁总会。而“李友会”与“扁友会”则合流，“李友会”表态“全体动员”、“百分之百”支持陈水扁连任。“李友会”号称在台湾各县市拥有 19 个分会，会员 3 万多人，在美国、日本及东南亚等地的分会有会员约 1 万人。“李友会”利用李登辉与各地农渔会、水利会的传统关系，为陈水扁巩固农渔民选票。

第二节　把两岸关系作为选举赌注

民进党执政以来，陈水扁当局的施政满意率持续下跌，从当选之初的70%以上的满意率下降到2003年以来的40%左右，劳工、农渔民、教师等社会各界纷纷走上街头表达对台湾当局施政的不满。陈水扁正式兼任民进党主席后，在组织上完成了“府院党政”的统合，以“党政合一”为借口实现了决策权力的高度集中；在政治上抛出了“一边一国、公民投票”的“台独”主张，为2004年台湾地区领导人的选举议题攻防定调。在陈水扁当局的人为操作和恶意挑衅下，两岸关系成为陈水扁谋取个人权位的政治赌注，使得两岸从僵持进一步发展为对立，紧张的两岸关系中潜藏着深刻的危机。

一、“一边一国”对“一个中国”的竞选主轴

陈水扁抛出“一边一国”论调，正是意图冲击两岸关系，挑拨台湾民众对大陆的感情，把2004年“总统”选举的蓝绿对决引向两岸政治对决，宣称“如果换人做，台湾就会像香港，变成大陆的行政特区，元首变特首”①。2003年3月，陈水扁提出3个竞争主轴：“第一是拼经济拼改革 VS 拼选举拼口水，第二是扫除黑金 VS 黑金复辟，第三是主权台湾 VS 一个中国”。3月18日，陈水扁趁当选3周年之机发表讲话，提出“三个坚持”：坚持深化台湾民主、坚持推动四大改革与坚持维护“台湾主权”，认为“‘二

① 台湾“联合新闻网”2003年2月27日。

次政党轮替’只不过是‘旧有黑金势力的复辟’，人民绝不容许腐败衰退的旧势力和旧利益集团，以任何形式的反扑，拖垮台湾的未来”①。

到了6月份，陈水扁的竞选三主轴变成了两主轴，7月份，陈水扁就干脆只提“一边一国 VS 一个中国”是民进党的竞选主轴了。陈水扁选战主轴的日益简单化和意识形态化，反映了民进党执政陷入黔驴技穷的窘境。陈水扁执政3年多，政绩不彰，经济衰退，民生凋敝，打“拼经济”牌底气不足，“拼改革”无法取信于民，只好“拼政治”。比赛谁更“爱台湾”、谁更“反中国”，强调民进党的本土性以及对“台湾主权”的坚定性，制造“爱台”与“卖台”的谎言，把民进党与台湾划上等号，塑造陈水扁的“为台湾打拼”的形象，似乎只有选陈水扁才是“爱台湾”。企图通过升高两岸政治对抗局面，操作统独争议和省籍矛盾。民进党把选举主轴定位为“一边一国 VS 一个中国”，目的就是把蓝绿对决的选情导向统独对决。

7月25日，陈水扁在接见美国前驻华大使李洁明时公开宣称：“我们既然无法接受一国两制，更不可能接受所谓一个中国的原则，我们可以臆测公元2004年总统大选一定是一场‘一边一国 VS 一个中国’的选战和选择”②。此后，陈水扁在不同的场合反复地表示：“已将下届总统大选定调为一边一国对一个中国，一边一国的话，说了绝不会收回来③”。“做为台湾的总统，对于一边一国，我非常坚持，绝对不让步”④。陈水扁还攻击大陆的“一国两制”政策，认为“‘一国’是真的，‘两制’是假的”，“‘两制’

---

① 台湾“中央社”2003年3月18日台北电。
② 台湾“中央社”2003年7月25日台北电。
③ 台湾《联合报》2003年8月7日。
④ 台湾《联合报》2003年12月9日。

就是‘专制’与‘压制’”①。

10月25日，陈水扁在“公投晚会”中发表讲话，宣称：“台湾是主权独立的国家，不是人家的一部分、地方政府、一省或特别行政区。台湾反对一个中国，拒绝一国两制，主张台湾、中国是一边一国”；“2004年的总统选举，是‘相信台湾、坚持改革’与‘唱衰台湾、反对改革’的竞争；是‘一边一国、维持现状’与‘一个中国、改变现状’的竞争；是‘人民公投、催生新宪’与‘剥夺公投、民粹修宪’的竞争”②。

12月10日，民进党正式提名陈水扁为候选人，陈水扁随即发表演说，提出“相信台湾、坚持改革”的竞选文宣主轴，并把选举定调为“一边一国”对“一个中国”、“民主改革”对“黑金复辟”、“相信台湾”对“唱衰台湾”的三种竞争。12月13日，民进党为陈水扁造势的全代会上，陈水扁宣称：“2004年总统大选的意义，最重要的是对台湾民主的责任和历史的使命，身为台湾的总统，他最重要的责任就是要‘顾台湾、拼中国’、‘顾人民、拼幸福’”③。其后，陈水扁更进一步宣称“四不一没有早就不存在了”，他对于“四不一没有”的保证，“随时可以取消”，并狂妄地挑衅：“总统大选不是陈水扁和吕秀莲的选战，也不是水莲对抗连宋的选战，更不是民进党对抗国民党的选举，而是台湾人民对抗中国共产党的圣战，台湾不能输、一定要赢”④。陈水扁面对执政的困境，陷入黔驴技穷的地步，把凝聚选票的政治动力和胜选的希望寄托在挑起台湾民众对抗大陆的心理基础之上，千方百计挑起两岸的对抗和冲突。

---

① 台湾《民生报》2003年7月27日。
② 台湾《中国时报》2003年10月26日。
③ 台湾《中国时报》2003年12月14日。
④ 台湾“中央社”2003年12月29日花莲电。

二、抛出“公民投票”的政治议题

2003年2月份，在泛蓝支持者的强烈呼声中，“连宋配”基本成形，泛蓝的民调支持率急剧上升，超过了50%。“连宋配”的高支持率给民进党带来深刻的危机感，使陈水扁的竞选连任之路面临巨大压力。为了扭转在选举中的明显劣势，民进党变本加厉，打“政治牌”，打“统独牌”，企图通过主导政治议题，挑动岛内民众的统独意识和省籍意识，一方面打压泛蓝阵营，另一方面激化两岸对立，强化悲情诉求。3、4月间，两岸SARS疫情扩大，陈水扁当局利用机会，疯狂地挑动台湾民众的“反中情绪”，攻击“中国政府不把人当人看”，以“中国之疫”、“中国肺炎”等带歧视性的称呼妖魔化中国大陆的形象，不断地销蚀台湾民众的民族认同和中国认同意识。连带地，台湾当局把岛内认同一个中国的政党和政治人物，甚至往来两岸的台商、外省老兵均列入“卖台”的嫌疑，使岛内拥护和支持统一的民众产生寒蝉效应，而岛内的顽固“台独”势力则趁机鼓动嚣张气焰，一时之间岛内媒体的“台独”言论泛滥。

2003年5月台湾当局借SARS疫情扩散之机，鼓噪加入世界卫生组织（WHO），在遭到理所当然的挫败之后，陈水扁提出举办“加入WHO”、“核四停建”、“国会改革”等三项公投。显而易见，台湾当局推动“加入WHO”的目的不在于取得外界的医疗专业协助，甚至不在于参与WHO的专业事务性活动，而是为了突显其所谓的“一边一国”的政治地位，操纵选举议题，掩盖其执政无能的真面目。9月底，在民进党成立17周年党庆之日，陈水扁抛出了2006年“催生台湾新宪法”的主张。10月中旬，陈水扁与一批“台独”顽固分子商讨之后，确定“新宪时间表”，即2006年开始讨论“新宪法”，经过公民投票，2008年“新总统”就职后实施。10月25日，民进党花费2500万元，发动10多万人在高雄举办“全民公投、催生新宪”大游行和晚会。陈水扁在公投晚会中宣称：“公投是基本人权，也是普世价值，不是任何国家、政府、政党、个人所能剥夺，也不是任何政党透过公投立法可以限制”；“台湾人民要建立台湾成为正常、完整和伟大的国家，需要一部合身、合用的新宪法，透过公投方式，2006年共同催生新宪法，2008年正式公布实施”①。11月初，陈水扁又利用“过境美国”之机，公开发表演说，在国际社会宣扬“催生新宪法”、“公投制宪”的主张。

从“一边一国”到“公民投票”，从“催生新宪法”最后发展到“公投制宪”，陈水扁的“台独”主张步步升级，从言论到行动，从政治口号到具体规划，从程序立法到实质内容，不断地向“台独”的最终目标发展推进，把两岸关系推向危险的边缘。其真实目的是要把“公民投票”与选举挂钩，从中谋取选举利益。

三、抓住“防御性公投”这根救命稻草

为了扭转选举颓势，民进党阵营步步紧逼，假借“人权、民主”炒作公投议题，主导选举言论，占据媒体宣传的版面，使泛蓝阵营显得相对被动，陈水扁与“连宋配”的民调支持率日益接近，2003年11月初，《中国时报》抛出的民调，第一次出现陈水扁的支持率超出“连宋配”一个百分点的情况。为了争夺选举议题的主导权，泛蓝阵营在“公投立法”的问题上转变策略，以主

① 台湾《中国时报》2003年10月26日。

动的姿态推动“公投立法”。在“公投立法”的较量中，泛蓝阵营凭借人数实力使民进党和台联党版本出局。民进党在“公投立法”中显露出被动的疲态，再次使陈水扁的选情下滑，而“连宋配”的民调支持率止跌回升。

但国亲两党百密一疏，使民进党版的“防御性公投”条款过关。所谓“防御性公投”，即依据台湾“公投法”第17条的规定：“当国家遭受外力威胁，致国家主权有改变之虞，总统得经行政院院会之决议，就攸关国家安全事项，交付公民投票。”为进一步挑起岛内统独争议和省籍意识，陈水扁抓住“防御性公投”由“总统”发动的权力，借口大陆对台部署496枚导弹，提出“3·20”大选当天，举办公民投票，“来维护国家主权和国家安全”。

陈水扁为了选举，抓住“防御性公投”这根救命稻草，千方百计要把“陈水扁”等同于“台湾”，似乎谁不支持他谁就是“反台、卖台”，甚至把陈水扁个人权位的选举说成是台湾人民的“圣战”。陈水扁的政治冒险引起国际社会的关注，美国、日本、欧盟等国家和地区均对其违背“四不一没有”的承诺、片面改变现状的做法表示关切和反对。陈水扁当局于是把“防御性公投”改称为“防卫性公投”、“和平公投”，把公投粉饰成“深化民主改革”，宣称“防卫性公投”是要维护台湾的现状，防止现状被改变，辩称公投无涉统独，也不违背“四不一没有”等。公民投票作为直接民主的形式，是代议政治的补充，但是台湾当局却利用台湾民众追求民主、自由权利的愿望，扭曲台湾民众要求当家作主的心态，把挑衅一个中国原则的“公民投票”作为捞取个人选举利益的政治工具。陈水扁曾经自我坦白：“为了顾台湾、拼中国，无论如何明年3月20日，都将行使历史性第一次公民投票，走出第一步，就有第二步。”① 无论是“防御性公投”、“防卫性公投”，还是所谓的“和平公投”，都掩盖不住“台独分裂”的险恶用心，都是对一个中国原则与台海和平的严重挑衅。

四、营造国际支持的选举环境

民进党挑动政治议题的同时，试图掩盖“台独分裂”的真实目的，以“民主、人权、和平”来美化其在两岸关系上操作冲突的做法，不仅有意欺瞒岛内舆论，而且企图欺骗国际社会。2003年初，陈水扁在出席美国商会年度餐会时表示，“未来十五个月，政府会尽力维持台海和平稳定，台湾不会有任何意外之举”。向美国商界摆出稳定两岸关系的姿态，要求美国放心。美国攻打伊拉克的战争发动之后，陈水扁立即表态支持美国的“反恐行动”，以“感谢美国在台湾过去多次重大危机里面的力挺和协助”。

台湾当局还利用国际社会的某些反华政客为其背书，比如策动美国的个别国会议员或欧盟议会的个别议员提出支持台湾当局的政治议案，在国际社会为陈水扁的政策制造舆论，公然为陈水扁的分裂主义行径撑腰壮胆。陈水扁还通过美国在台协会主席夏馨向媒体制造混乱的舆论，公开说：“布什在法国与中国国家主席胡锦涛会谈中，说的是‘不支持’台独，而不是中国媒体所报导的使用‘反对’的字眼。”② 陈水扁利用过境美国之机，领取“国际人权联盟”的“人权奖”，发表“人权台湾、民主蜕变”的政治演说，一方面兜售台湾“民主、人权”的“进步”，把功劳揽在自己身上；另一方面推销“公投制宪”，争取美国的背书。陈水扁不

① 台湾《联合报》2003年12月9日。
② 台湾《台湾日报》2003年6月7日。

仅宣扬此行出现多处突破，包括与欢迎人群握手、公开受奖、公开演讲、公开发表谈话以及媒体自由采访等等；他还吹嘘过去3年多台美关系如“倒吃甘蔗、渐入佳境”，说“美国对台湾最好”，“美国才是台湾真正的朋友”；而且他还借夏馨之口，公开表示“台湾的真正神秘守护天使是美国总统布什”。

陈水扁有意曲解美国的一个中国政策，认为“中共的‘一个中国原则’与美国的‘一个中国政策’有其不同”，“美国的‘一个中国政策’主张两岸问题和平解决，而非和平统一的结论，美方着重的是过程，而不是先有结论”①。美国总统布什表态反对台湾片面改变现状的言行之后，陈水扁一方面向台湾民众保证：“在我带领下，美国的事，我已搓好了，没事了。”② 另一方面又极力掩饰美国的反对态度：“美国立国精神绝不会把中国武力威胁飞弹部署视为理所当然，绝对不会把2300万台湾人民对于民主追求和平维护的努力决心当做挑衅。”③ 台湾“外交部长”简又新出面解释：“美方不是反对公投，美方是关切公投的议题。”陈水扁当局的这些做法，都在于营造一个国际社会支持他的政治假象，借国际社会的“支持”来拉抬岛内的选情，化解台湾民众对于民进党“台独”主张和“公投”政策的疑虑。

第三节 合纵连横、打击对手的政治策略

在岛内的政党和政治人物关系上，民进党施展合纵连横的手法，甚至曾经提出过“尊李、批宋、和王马、不理连”的策略。

① 台湾《中国时报》2003年7月26日。
② 台湾《联合报》2003年12月9日。
③ 台湾《中时晚报》2003年12月11日。

一、依赖和利用李登辉

李登辉是泛绿阵营的另一个政党——台联党的精神领袖，李登辉成立台联党公开说是为了协助陈水扁施政，实际上是处处牵制陈水扁，与民进党抢夺“台独”票源，延续个人政治生命。民进党人对李登辉是爱恨交加，党内甚至有人提议将“刘泰英案”办到李登辉头上，以争取中间选票，但陈水扁基于稳定基本票源的考虑，仍然必须依赖和利用李登辉。一方面希望利用李登辉传统的政治关系，能够带动其本身的支持者以及一批本土政治人物从泛蓝阵营出走。吕秀莲就希望李登辉能发挥影响力，从国民党本土票源中吸收150万票。另一方面通过李登辉出面挑拨岛内的统独和省籍矛盾，企图把蓝绿对决的选情导向统独对决。李登辉非常积极地投入所谓的“5·11台湾正名运动”，甚至提出“中华民国其实根本不存在”，“应该改名为台湾国”。李登辉说出了陈水扁不便直接说出的话，做了陈水扁不敢做的事，其目的无非就是要为陈水扁助选，一是协助陈水扁稳固“台独”基本票源，二是逼迫连宋在统独立场上明确表态，三是意图分化泛蓝阵营，四是维系个人的政治影响力。在“挺扁总会”筹备大会上，李登辉公开表态支持陈水扁，表示“我们一定要延续台湾本土政权的香火；要阻止外来政权重新掌权，避免造成台湾历史的倒退”。李登辉还脱口而出地说：“这战若不赢，我就要逃到国外活命。”① 李登辉还把泛蓝阵营打成“中国游说团”，表示“二·二八”他要号召百万人，手牵手从基隆沿台一线到鹅銮鼻，“联手保卫台湾”。

① 台湾《中国时报》2003年11月1日。

二、拉笼、分化、策反泛蓝阵营

对于泛蓝阵营，民进党也采取了区别对待的策略。宋楚瑜较有群众魅力，无论口才、身段、竞选谋略，都不容轻视，但也有弱处，包括“兴票案”、外省籍身份、亲民党与国民党的配合度等问题，都容易受攻击，因此民进党重点“打宋”。2003 年 3 月，法国前外长杜马出版回忆录，提到曾支付 4 亿美元佣金给“执政党秘书处”，台湾“中央社”将其误译为“执政党秘书长”，时任国民党秘书长的宋楚瑜成为众矢之的。在此同时，陈水扁表示“兴票案”尚未结案，“证据到那里就办到那里，谁也没有特权和例外”。台湾司法机关还适时地传讯宋楚瑜的前机要秘书杨云黛及其小姨子陈碧云。民进党“立委”张清芳还有意指杨云黛是宋楚瑜的“小老婆”。

另外，在泛蓝阵营的“连宋配”确定之后，民进党就密切关注泛蓝阵营内部的矛盾和斗争，极力利用一切机会拉拢、分化、策反泛蓝阵营，破坏泛蓝阵营的团结形象，特别是针对国民党内的高层人物进行政治上的拉拢。对于国民党内的其他政治人物，如萧万长、王金平、马英九、朱立伦、胡志强等，民进党极力策反和拉拢。例如，公开夸奖桃园县长朱立伦是“年轻有为的好县长”；而台中市长胡志强为了在任内有所政绩表现，向陈水扁争取设立古根汉美术馆的经费，陈水扁亲自到台中市找胡志强表达支持之意，刻意向外界展示与泛蓝中生代之间的密切互动关系；拉拢萧万长出任“总统经济顾问小组召集人”。

泛蓝阵营内部确有部分要求世代更替的声音，民进党则有意识地加以利用。因此，对于马英九，民进党采取怀柔政策，客气对待马英九，甚至为台北市政加油。陈水扁不仅亲自表态“全力支持马市长”，而且有意在媒体面前展示两人共游华西街、共进晚餐的互动场面，甚至公开宣称自己参选是“为马英九2008年参选总统卡位”。游锡堃也有意带着马英九与苏贞昌共同视察翡翠水库、到龙山寺祈福。

国民党内有些政治人物在党内处于权力边缘，容易被策反。民进党积极招降纳叛，希望泛蓝阵营内部出现带枪投靠的人物。但是民进的做法也遭到党内不同声音的批评，民进党“立委”沈富雄即呼吁陈水扁要节制“以胜选为考量”的思维，认为“不是拣到篮子的都是菜”，民进党体质改造的重点应放在基本路线、党员结构、初选制度、公职自律等四个方面。

三、深挖泛蓝阵营的党产、家产及弊案问题

民进党充分利用和发挥执政优势，查弊案，反黑金，趁机抹黑、打压泛蓝阵营，利用司法手段威吓国亲两党的高层政治人物。民进党当局从追查“拉法尹舰采购弊案”、“幻想战斗机采购案”、“新瑞都案”、“兴票案”入手，清查“刘泰英案”、“国安密账”等重大弊案的内幕，造成泛蓝阵营的被动局面。2003年6月6日，台北地检署起诉中华开发董事长刘泰英，涉嫌新瑞都、东隆、中广及展云佣金案等12起贪污、业务侵占等经济犯罪，涉案金额达7亿元，其中不少流向李登辉任职的台湾综合研究院。刘泰英被具体求刑16年，最后合议庭要求他以创纪录的6000万元交保，并限制居住及限制出境。刘泰英曾经是李登辉的红人，依仗李登辉的宠幸呼风唤雨，岛内舆论认为刘泰英是民进党反黑金的牺牲品，李登辉才是台湾黑金政治的幕后主导者。由于刘泰英供称是

“承命办事”、“完全是受李登辉的指示投资”，11 月中旬，李登辉被迫出庭作证，承认签字同意“新瑞都投资案”。李登辉的黑幕不仅掌握在泛绿手中，更连带泛蓝阵营受到牵制。受“国安密账”威胁的李登辉不得不支持陈水扁。

针对连战家产问题，民进党竞选总部公开发行文宣手册“两代公务员的致富传奇——连家财产的积累过程”，民进党先印刷 50 万册，后来又加印 70 万册，指责连家通过非法手段积累 200 亿的家产。陈水扁还将攻击矛头对准国民党的党产，批责连战“变本加厉变卖党产达 1900 亿元”，呼吁大家一起来追讨国民党的党产，要“还产于民”、“将人民所有的归还于人民”。由于台湾社会贫富悬殊，一般民众对于国民党执政时期的黑金政治深恶痛绝，民进党的这些攻击对广大的中下层民众的影响不容忽视。

四、扭曲台湾民众的历史记忆

通过对于台湾文化与历史的重新诠释，营造有利于民进党发展的社会环境，是民进党推动岛内文化本土化的政治目的，其实质是推行以“去中国化”为核心的“渐进式台独”。2003 年初由《中国时报》主办的“福尔摩沙特展”在台湾“故宫博物院”展出，6 月又转到台南市展出，宣称 17 世纪荷兰殖民统治开始才是“台湾的诞生”，有意抹杀中华民族自古以来移民开发台湾的历史，宣扬“台独”倾向的民进党意识形态。2003 年“二·二八”纪念日前夕，民进党当局公布美丽岛事件的官方史料，将矛头指向宋楚瑜，说他是“新闻自由、言论自由的刽子手”，民进党“立院”党团还专门召开记者会，宣称“错误可以原谅，历史不容遗忘”。吕秀莲则将矛头引向两岸，宣称：“二·二八事件是爱错对象的反讽，应该记取历史的教训，不要错把敌国当祖国，应该共同说出我们祖国的名字叫台湾。”①

民进党通过扭曲台湾历史的解释，一方面将台湾民众的历史积怨导向泛蓝阵营，另一方面将台湾民众的历史苦难投射在两岸关系上，抹杀了台湾民众历史悲情的真正根源。在陈水扁当选3周年之时，民进党发表“对于3·18政党轮替三周年的想法与主张”，公开批判国亲两党的“二次政党轮替说”，宣称：“二次政党轮替说没有任何进步性与改革性，只是想要夺回政权的权谋组合，如果二次政党轮替成功，那是一项民主悲剧与历史灾难，黑金会复辟，改革也将会停止，这不是人民的幸福工程，而是民主灾难工程。”②

五、红帽子、黑帽子、绿帽子

美国作家马克·吐温曾经在短篇小说《竞选州长》一文中深刻揭露西方国家政治人物搞“民主”、“竞选”的种种卑劣手段，成为讥讽资产阶级民主的经典之作。然而，暴露这种“民主”污秽的惊人相似一幕正在标榜“民主、人权”的台湾继续上演。

自从民进党执政以来，陈水扁当局的心思已经完全放在选举方面，无论是虚开内政支票，还是跑到美国去作秀，目的都是为了捞取选票。为了连任，以民进党为主导的泛绿阵营对于连战和宋楚瑜的打击更是无所不用其极。陈水扁在以前的选举中曾经成立过一个“扁帽工厂”，生产帽子、T恤等等竞选商品，赚了不少支持者的钞票和选票。而另一种形态——意识形态的“扁帽工厂”

① 台湾《台湾日报》2003年2月28日。
② 台湾东森新闻网2003年3月18日。

也热闹开张，这是专门为政治对手生产帽子的工厂。

第一种帽子是红帽子。台湾的政治文化经过李登辉执政时期的扭曲、误导，出现了极端异化的倾向，把“反对中国大陆”作为政治正确的标准，只要谁与中国大陆走得比较近一些，马上就被扣上“卖台”的帽子。1998年马英九竞选台北市长时，民进党制造了一个“新卖台集团”的帽子给国民党；2002年马英九竞选连任台北市长，民进党又送一顶“台北特首”的帽子，还附带一个“香港脚”的标签。2001年李登辉组织台联党后，马上奉送一顶“联共卖台”的帽子给连战领导的国民党；2003年，李登辉再次给连战、宋楚瑜戴上前所未有的红帽子——“中国游说团”。“红帽子”的出炉是台湾当局分裂主义政策导向的产物，“红帽子”成为打击政敌的有效政治手段，是岛内“绿色恐怖”统治气氛的恶果，使得岛内政治人物和普通民众与祖国大陆不得不保持一定的距离，使得岛内“去中国化”的土壤愈来愈肥沃。

第二种帽子是黑帽子。台湾的“黑金政治”是举世闻名的，政治人物与黑道、财团勾结的现象比比皆是，特别是李登辉统治时期，岛内的“黑金政治”更为猖獗，李登辉被公认为是“黑金政治”的扶植者。民进党以“反黑金”自诩，上台以后通过查办“新瑞都案”，把李登辉的账房先生刘泰英羁押归案，不过出于选举考虑，陈水扁显然还不敢清算“黑金后台”李登辉的“国安密账”问题。台湾当局反黑查弊的目的是要把“黑帽子”戴到连战、宋楚瑜的头上。选举日益临近，台湾司法机关侦查“兴票案”的动作也日益加快，从传讯李登辉到宋楚瑜要求当面对质，不管怎么样，宋楚瑜的“黑金”帽子已经被戴了上去。至于连战，泛绿阵营也发行小册子，质疑其上百亿家产来源的合法性。

第三种帽子是绿帽子。台湾政坛上向来绯闻不断，政治人物一旦卷入，立即在政治前途上笼罩一层挥之不去的阴影。陈水扁曾经被人质疑到澳门嫖妓，其身边的亲信马永成也传出过喝花酒的丑闻。然而民进党当局似乎对于这一招术的功效相当认同，泛绿阵营抛出一盘“非常报道”的光盘，影射宋楚瑜有“肝癌”、与女演员有染，民进党“立委”张清芳还公开宣称宋楚瑜的机要秘书杨云黛是宋楚瑜的小老婆。政治人物被戴上“绿帽子”，真是有口难辩，越是辩解新闻炒作越是来劲。

台湾当局以“民主、人权”的标签来兜售政党政治、竞选活动，甚至跑到美国去宣扬“人权台湾、民主蜕变”，然而其恶质的政治文化却显露出其所谓“民主”制度的丑陋和虚伪的一面。

第四节　充分利用执政优势

与泛蓝阵营相比，民进党在选举中具有明显的现任优势，民进党原本计划在3月底确定“总统”候选人，泛蓝阵营推出“连宋配”之后，民进党改变策略，推迟“正副总统候选人”的确定程序，迟迟不愿推出正式人选与“连宋配”正面冲突，而是以“现任总统”的有利地位，力图树立居高临下的主导态势。

一、整合党内稳定副手人选

民进党直到2003年12月11日才提出所谓的“正副总统候选人”。民进党迟迟不确定人选的目的，一方面避免与“连宋配”短兵相接，过早展开选战，反而产生为“连宋配”造势的效果。当然，民进党不确定“副总统候选人”的另一方面原因是出于内部整合的考虑，有利于陈水扁充分评估与选择副手人选，缓和党内斗争。

陈水扁执政4年，与副手吕秀莲之间的配合并不默契，党内要求更换“副总统候选人”的呼声高涨。事实上，陈吕是否再次搭档并不仅仅关系相互配合度问题，而是关系到党内接班卡位之争，吕秀莲是具有强烈政治企图心的人物，如果当选连任，必然规划2008年出马参选正职，阻断了民进党内其他派系和政治人物的发展机会。因此，民进党内不断传出反对“扁吕配”的声音，党内不断有人向陈水扁进言，要求他更换搭档人选，甚至明确推出苏贞昌、蔡英文、游锡堃、叶菊兰等人选，一时之间，“苏蔡吕游叶”成为民进党副手之谜。2003年10月中旬，民进党内29位“立委”联名要求陈水扁“慎选副手”，其中段宜康公开表示对于“扁吕配”只能“含泪辅选”，丘议莹则更直接地说，如果陈吕搭档，“我以后可以打扮得漂漂亮亮，趁这个时候谈恋爱嫁人”。就在“陈吕配”定案的前两天，老牌“台独”分子辜宽敏还公开表示，“吕秀莲的政治野心太强，如果再提名她，陈水扁下一任可能会提前面临跛鸭的处境”。吕秀莲虽然曾公开表示愿意“让贤”，却暗中运作，鼓动独派人物向陈水扁施加压力。岛内多数民调显示，如果苏贞昌出任副手，对陈水扁可增加3%的支持率，但是陈水扁为了稳定党内，不仅在吕秀莲出版的书中题写“最佳辅佐、最佳拍档”，以安定其焦躁的情绪，而且下令党内反吕之声“封口”，公开表示副手人选与2008年党内接班人选无关，同时出面安抚反吕的独派大老。

二、利用执政地位笼络社会各界

民进党还利用执政资源拉拢社会各界的精英人物，发动政治人物入党，开办凯达格兰学校，举办“国家领导与发展策略班”、“原住民族研究班”、“女性菁英研习班”、“青年领袖与地方发展班”等。2003年3月29日凯达格兰学校开学，民进党“府院党”高层以及李登辉均出席。陈水扁虽然宣称凯达格兰学校“不是党校”，是传播民主价值，但其师资却全是泛绿阵营的头面人物，包括李登辉、蔡英文、李鸿禧以及“国安局长”蔡朝明、“国防部副部长”林中斌、“台湾高铁董事长”殷琪等人，其学员也以泛绿阵营的人物为主，如“立委”高志鹏、陈其迈、台盐董事长郑宝清、“新闻局副局长”李雪津、“中华开发”董事长陈敏熏等人。

为了选举，民进党利用执政地位，发起了多波陈水扁亲自主持的集体入党造势，拉拢社会各界知名人士入党，包括政务官、学术界、工商界等人士，如行政系统的“工程会主委”郭瑶琪、“青辅会主委”林芳玫、“总统府副秘书长”吴钊燮、“交通部长”林陵三、“立委”赵永清以及台大牙医系的多名教授和著名作家钟肇政等人。民进党还在军警系统大幅调整人事，进行大选布桩。2003年6月中旬，民进党当局一次就调整了14名高级警官的位置，为选举展开警察人事布局，任用民进党籍或当年辅选有功的警官。当月下旬，民进党当局晋升35名军方将官，其中4人晋升中将，31人晋升少将；当年底陈水扁又晋升41名将官。据统计陈水扁4年来一共晋升了347名将军，占台湾军方目前400多个将官名额八成以上。民进党当局趁着年关来临，向各界拉票，台湾行政系统迅速核准了2003年军公教年终工作奖金发给办法，规定最高可发2.5个月的奖金，台湾当局为此将支出1000多亿元。陈水扁还向上校级以上军官寄发贺年片，内容不但有“大家的支持，让进步的力量越来越大”，还印上“相信台湾，我们可以做得到”的竞选口号，完全是一种拉票行为。

三、结合大众传播与小众传播的文宣战、口水战

文宣战是民进党选举历史上的传统和优势战法，民进党推出的一系列文宣活动，目的是彰显民进党清廉及改革的政党形象，主题是“改革与反改革”。从 2003 年 2 月开始，陈水扁利用“总统”身份推出每周一期的“阿扁传真”电视谈话，从谈生活、谈人生等角度，掌握民间社会的焦点议题，笼络社会人心。

广告是媒体生存的命脉，“政府”和公营企事业单位的广告是台湾媒体的最重要来源。2003 年陈水扁当局编列新台币 40 亿元的宣传费，号称“置入性行销”，以大笔资金控制媒体、拚选举。2002 年陈水扁当局向平面媒体直接购买广告，以中时报系最多，超过 1100 多万元。民进党当局还推动“广电三法”（即广播电视法、有线广播电视法及卫星广播电视法）的通过，规定“政府”、政党、其捐助成立的财团法人及受托人，不得直接、间接投资民营广播、电视事业；“政府”、政党、党务工作人员、选任公职人员不得投资广播与电视，不得担任广播、电视事业的发起人、董事、监察人及经理人。民进党诉求党政军公职人员退出媒体的目的是将国民党势力从电子媒体如中视、中广逼退。然而泛绿阵营却借助民间力量经营的地下电台及“政府”政策宣导的名义作为宣传工具。

除了利用和控制大众传播媒体，民进党文宣部还积极规划各县市的小众传播计划，组织菜市场夫人、耳语部队，通过浅显易懂的口语传播，给国亲两党戴上“反改革”、“联共卖台”的帽子。民进党青年部、妇女部也主导推出一系列的电子报文宣。泛绿阵营（有人指是台湾南社与医界联盟）出资委托“台湾媒体革命工

作室”制作的“非常报导”光盘，攻击“连战是阿舍”，影射“宋楚瑜患肝癌”；在台湾民间还出现名为“会诊宋楚瑜”的小册子，书中开头第一句就是“宋楚瑜与毛泽东是同乡”，影射宋楚瑜是“中共同路人”。但是这些光盘和小册子无中生有，涉及人身攻击，会引起广大理性中间选民的反感，所以在公开场合，民进党均与这些宣传品保持距离，否认是其策划。

四、漫无边际的建设支票

陈水扁充分利用执政优势，采取各种手段，力图在选前制造一定的政绩，最大的特点是大规模的开出不少政策支票。随着选情的日益紧迫，为了给竞选连任创造利多因素，台湾当局以“拼经济”为名，不断给地方建设加码，陆续推出“挑战2008国家重点发展计划”、“投资台湾优先具体方案”、“公共服务扩大就业方案”、“扩大公共建设方案”、“三年三千亿、五年五千亿”、“新十大建设工程”等画饼充饥的建设支票。

增加预算和投资是民进党利用执政优势，大开建设支票的重要方式；而为了筹措财源，不断举债成为最有效的办法。民进党要求泛蓝阵营“立委”支持排除“公债法”的举债上限。2003年2月，陈水扁在出席台湾六大工商团体的新春团拜时就表示，台湾当局将协调“立法院”修正公共债务法，以筹措公共建设所需经费，未来5年内，每年重大投资额至少维持1兆2000亿以上。

针对岛内的经济建设，陈水扁当局提出500亿“扩大公共建设方案”，预计给台中兴建一个机场、给嘉义建设一个故宫、给台北县增加一条捷运，总之大家通通有奖；其中大部分是小型建设项目，反映了民进党当局只关心在一年内能看到政绩的工程。但是民进党地方县市长对于大型建设缺乏财政来源却心急如焚，民进党籍的台南市长许添财和高雄县长杨秋兴即曾呼吁“台湾行政当局改善地方财政危机”，许添财认为民进党高层高喊缩短南北差距，但“口惠实不至”、“只是假象”，认为应当集中经费在两三项重大建设上，以凸显建设成果。他们担心，民进党执政3年，南北差距越来越大，再不解决负债累累的地方财政问题，再不推出具体的大型建设，“别说要用南部票仓弥补阿扁在北部选票的不足，届时民进党恐怕连南部基本盘都难保”[①]，认为应加强建设南台湾，才能巩固基本票仓并拉拢中间选民游离票。为此，民进党又抛出“三年三千亿、五年五千亿”的建设支票。然而，民进党的选举支票并不能完全取信于民，许多选民担心民进党的建设支票变成“五百亿无效，三千亿不够，五千亿没用”的结局。

2003年11月25日，民进党当局正式提出“五年五千亿——新十大建设”的计划，内容包括四项重大交通建设、污水下水道、平地水库海水淡化厂、北中南艺术及流行音乐中心、顶尖大学及十大研究中心、M台湾计划、台湾博览会等多方面的建设。民进党当局自夸可达到年增6.4万个工作机会，经济成长率每年提高1.03%，通过推动新十大建设，使台湾的竞争力“维持亚洲第一，进军世界三强，以登上2008年的东亚舞台”。然而民进党出于选举的需要才提出“十大建设”，并未经过严密的论证，不久，花莲县地方政府和民众从环保的角度坚决反对苏花高速公路的建设，要求设计相关的配套措施，苏花高速公路被迫暂缓动工。原本规划第一个动工的计划，第一个夭折了。

虽然民进党执政以来，岛内经济成长率下滑，但是民进党仍力求营造“绿色执政、品质保证”的社会氛围，要求“府院党政”

① 台湾《联合报》2003年8月12日。

各系统广为宣传民进党的政绩。2003年8月，民进党在花莲县长补选中挫败之后，更是深切感受到宣扬民进党执政效绩的重要性，为此，台湾当局的“行政院研考会”推出厚达419页的“绿皮书”，罗列自民进党2000年5月20日执政以来的政绩，将台湾当局的施政建设事项依据各县市情况加以列举，主要是所谓的“中央机关”对25个县市的补助或执行事项，其中有“总统”承诺或提示事项、“院长”承诺或提示事项以及“中央”执行或补助事项，还划分经费补助、交通建设、水利设施、社会福利、教育文化、农业建设、环境卫生、观光休闲及其他等九大类进行罗列。民进党将“绿皮书”分发给党籍“立委”，要求党籍“立委”直接向选民说明民进党执政的“亮丽表现”，作为“立委”在基层“走透透”的宣传材料。

为了向泛蓝的传统票源区挖掘选票，民进党当局还大方地把建设支票开给泛蓝的传统支持区，如提出原省政府所在地中兴新村的再造方案，金门大桥建设，离岛的观光产业推广等。其中连接大小金门的大桥，被称为“选举浮桥”，只有选举时才被提出，选举过后又是一纸空文。

五、标榜“拼改革、拼经济”的选举花招

随着选举日期的临近，民进党的选举花招不断抛出，但基本策略不会有大的调整，仍以政治议题为主，有时也会抛出经济议题，象“两岸三通”的议题，其实质是玩弄两手策略，有时表现爱台湾反中国的形象，有时又塑造中间形象，根据动员对象的不同变换不同手法。特别是针对工商界强烈要求改善经济发展环境的呼声，陈水扁有时重提“拼经济、拼改革”的口号。

2003年3月，陈水扁就对工商界提出“一、二、三、四的重大方向”，所谓“一二三四”就是指“一个目标、两个重点、三个坚持、四个优先”。一个目标是指让人民过得更好；两个重点就是拼经济和大改革；三个坚持就坚持深化台湾民主、坚持推动四大改革、坚持维护台湾的主权，其中四大改革包括金融、司法、教育和“政府”改革；四大优先就是投资优先、经济优先、台湾优先和投资台湾优先。

民进党执政以来，台湾经济出现前所未有的低成长率，2000年经济成长率为-2.18%，2001年为3.54%，2002年为2.89%。经济衰退反应在台湾各行各业，使得失业率上升，收入下降。为此，民进党发动大规模的文宣大战，宣扬民进党“拼经济”的成果。陈水扁在走访基层的过程中，经常必须面对台湾基层民众的埋怨，一次在与地方工农商社团座谈中，一方面，他把岛内经济环境恶化归因于全球经济衰退，认为“民进党执政三年运气不好，碰到全球经济泡沫化”，另一方面，他遮掩两岸关系的危机，认为“执政三年，中共与台湾未发生任何冲突，显示两岸关系稳定。”① 陈水扁在参选声明中提出“三四五”的经济目标：3年内（2006年）台湾整体的创新研发经费达到GDP3%以上；两年内（2005年）将失业率降到4%以下；一年内（2004年）经济成长率突破5%。

民进党以“大改革”为名，把改革的内容涵盖金融、教育、司法与政治改革等诸多方面，极力渲染其改革形象。在政治上，以推动岛内“宪政改革”为名，提倡“国会改革”，主张将“立委”改为150席，同时降低“修宪”及“修宪委员会”的门槛。为了突显民进党的“改革”形象，民进党将“反改革”的帽子扣在国亲两党的头上，指责连战、宋楚瑜把“总统”选举带到“国

① 台湾《联合报》2003年8月10日。

会殿堂”，在“立法院”杯葛一系列重大改革法案，国亲联盟是“保守的反改革联盟”。

在两岸“三通”问题上，陈水扁充分显示其翻云覆雨的两面手法。一方面说“两岸直航涉及主权与安全问题，只要中共坚持‘一中’原则，台湾无法接受两岸直航。”① 他公开表示，直航应建立在“一边一国”的基础上，“不能为了直航而直航，也不能为了三通而三通，台湾是一个主权独立的国家，要顾及国家主权、尊严及安全，如果为了三通而被迫接受‘一中原则’，结果使得台湾变成香港、地方化、边缘化，宁可不要三通，不要这样的三通”②。另一方面，陈水扁又抛出两岸“三通三阶段论”，甚至表示愿意大幅开放大陆民众来台观光，把台湾当局人为限制的责任推给大陆“不愿放宽严格限制”。他还多次宣称：“总统大选之后，中国领导人就必须务实看待台湾的‘新民意’，中国将没有选择，必须和民进党、陈水扁对话，而且不能预设任何前提”，他表示有充分的信心，“两岸对话与协商的恢复应是可期待的”。

尽管陈水扁说得天花乱坠，尽管民进党拼选举使出种种招数，但一个不讲诚信、缺乏政绩的政治人物和政党，是难以取信于两岸人民和国际社会的。

---

① 台湾《联合报》2003年7月5日。

② 台湾“中央社”2003年7月24日台北电。

后　记

1949 年国民党政权败退台湾后，为了稳定执政权，在岛内逐步建立地方自治性的制度，然而长期以来缺乏政党竞争的选举沦为国民党推行专制统治的工具。从 20 世纪 80 年代开始，面对岛内外社会环境的变化，台湾开始了政治转型的过程，国民党一党独大的威权政治体制开始崩解，代表本土中小资产阶级利益的民进党登上台湾政坛。民进党的成立，促成了岛内多元化、本土化的发展，多党竞争的政党政治格局在岛内形成，选举成为台湾政治生活，尤其是政党政治的重要表现。

民进党依靠选举萌芽、成立、发展，乃至最终上台执政，选举成为民进党发展的动力源泉，也是民进党介入台湾政治生活的主要形式和核心内容。由于选举对于民进党的重要性居于首要地位，民进党经历多层次、多项目的选举之后，形成了自身的选举特色，比如民进党擅长于文宣造势和议题炒作，在历次选举中表现得淋漓尽致。然而无论民进党的选举策略和技术操作有多少精雕细琢的优势，其力量的发展却无法突破政治上的瓶颈，这是因为民进党受制于“台独”基本教义派的牵制和分裂主义路线的羁绊，不顾岛内外的政治现实，钻入了“台独”的政治牛角尖。民进党选举往往陷于短线操作，即使取得某些短期政治利益，民进党的长期发展仍有深刻的隐忧和危机。民进党执政以后，把文宣与组织动员相结合，其选举策略出现新的特征。这些都是我们所关注的内容，也是我们研究台湾选举所无法忽视的方面。

本书是作者对于民进党选举策略的研究成果，从独特的角度透析民进党的权力道路，目的在于深化对于台湾问题和民进党的研究，为读者提供启发和帮助。本书由厦门大学台湾研究中心、台湾研究所张文生和王茹合作完成，其中张文生负责第一章、第二章、第三章的一、二、三节、第六章的二、三节、第七章、第九章的写作，王茹负责第三章第四节、第四章、第五章、第六章第一节、第八章的写作。其中不足之处，期望指正。

作　者

2004 年 2 月于厦门大学